无敌谈判

中国最权威的谈判专家，利益双赢的谈判经典

杜云生 ◎ 著

南方日报出版社
NANFANG DAILY PRESS
中国·广州

图书在版编目（CIP）数据

无敌谈判/杜云生著.—广州：南方日报出版社，2009.4
ISBN 978-7-80652-850-1

Ⅰ.无… Ⅱ.杜… Ⅲ.谈判学——通俗读物 Ⅳ.C912.3-49

中国版本图书馆CIP数据核字(2009)第029582号

无敌谈判

著　　者：杜云生
责任编辑：刘志一
E-mail：liuzhiyiliuzhiyi@sina.com
出版发行：南方日报出版社
地　　址：广州市广州大道中289号
电　　话：（020）87373998-8502
经　　销：全国新华书店
印　　刷：广州培基印刷镭射分色有限公司
开　　本：787mm×1092mm　　1/16
印　　张：11　　彩插：1
字　　数：250千字
版　　次：2009年4月第1版
印　　次：2009年4月第1次印刷
定　　价：38.00元

投稿热线：（020）87373998-8503　读者热线：（020）87373998-8502
网址：http://www.nanfangdaily.com.cn/press　http://www.southcn.com/ebook

目录
Contents

第三章　决定谈判成败的要素

第四章　培养胜过对手的力量

第五章　无敌谈判的战术及原则

第六章　无敌谈判技巧

第七章　如何解决谈判中出现的问题

第八章 如何解决谈判中资源分配不均

第九章 熟悉多种谈判风格

第十章 解密无敌谈判高手

推荐序

一直以来，很多著名的作者盛情邀请我为其作序，我都婉言谢绝了。因为我认为，好的书是不需要推荐序的，要说推荐序，读者就是最好的推荐序！

可是近来，我无意中看了一本书，让我不得不改变原先的想法，让我情不自禁地为之作序！这本书就是亚洲创富教育第一任导师杜云生的《无敌谈判》。现在谈判类的书那么多，我为什么独独推荐这本呢？这倒并不是因为杜云生老师的个人魅力，主要还是因为这本书的魅力，因为我不是为杜云生作序，而是为《无敌谈判》作序。

提到谈判，让我想起谈判界一个经典的故事：

有一位智者把一个橙子给了两个孩子。这两个孩子便讨论起来如何分这个橙子。最终达成了一致意见，由一个孩子负责切橙子，而另一个孩子选橙子。结果，这两个孩子按照商定的办法各自取得了一半橙子，高高兴兴地拿回家去了。

第一个孩子把半个橙子拿到家，把皮剥掉扔进了垃圾桶，把果肉放到果汁机上榨果汁喝。另一个孩子回到家把果肉挖掉扔进了垃圾桶，把橙子皮留下来磨碎了，混在面粉里烤蛋糕吃。

从上面的情形，我们可以看出，虽然两个孩子各自拿到了看似公平的一半，然而，他们各自得到的东西却未物尽其用。这说明，他们在事先并未做好沟通，也就是两个孩子并没有申明各自利益所在。没有事先申明价值导致双方盲目追求形式上和立场上的公平，结果，双方各自的利益并未在谈判中达到最大化。

如果我们试想，两个孩子充分交流各自所需，或许会有多个方案和情况出现。可能的一种情况就是，两个孩子想办法将皮和果肉分开，一个拿到果肉去榨汁，另一个拿皮去做烤蛋糕。然而，也可能经过沟通后是另外的情况，恰恰有一个孩子既想要皮做蛋糕，又想喝橙子汁。这时，如何谈判就显得尤为重要了。

想要整个橙子的孩子提议可以将其他的问题拿出来一块谈。他说：“如果把这个橙子全给我，你上次欠我的棒棒糖就不用还了。”其实，他的牙齿被蛀得一塌糊涂，不能再吃糖了。另一个孩子想了一想，很快就答应了。他刚刚从父母那儿要了五块钱，准备买糖还的，而现在他可以用这五块钱去打游戏，这橙子不要也罢。

两个孩子的谈判过程实际上就是不断沟通的过程。双方都在寻求对自己最大利益的方案的同时，也满足对方的最大利益的需要，这就是双赢谈判。

谈判无处不在，谈判就在你身边，谈判让一切皆有可能。

当你犹豫不决时，本书教你下定决心。

当你悲观失望时，本书让你信心百倍。

当你束手无策时，本书为你出谋划策。

当你穷困潦倒时，本书给你奋战意志。

当你展翅欲飞时，本书助你一臂之力。

当你决意成功时，本书为你指引方向。

《和谐颂》音乐创作人：于艾平

2009年3月6日

自 序

去年，我公司要招聘两名采购，因为这个关系到成本问题，所以我亲自负责面试。记得当时前来应聘的人很多，其中不乏名牌大学毕业的高才生。历经层层淘汰，我决定录取两位普通高校大专毕业的学生。

为什么那么多名牌大学的高才生没有被录取呢？事后有个高才生打电话问我原因。我回答：因为你不会谈判。

这次招聘，让我有些意外。在面谈的时候，我问过他一个问题：你如何把这个价格压到最低？他面红耳赤，语无伦次，不知所云，堂堂名牌大学的高才生竟然是这样的！着实让我为之一惊。两个人讨价还价，这是生活中司空见惯的事情，这也是最常见的谈判。当然，那个高才生当时可能紧张，但谈判就是一个心理素质的较量，是一场没有硝烟的信息战、时间战、权力战！

利益来自谈判，在现代市场经济的运行中，几乎所有的企业和利益集团随时都会以各种方式相互交往，各方为了保证自己的利益，谈判是不可避免的。一位成功的管理者能否掌握一定的现代经济谈判原理、知识和技能，在很大程度上决定着其经济活动的成败。

生活离不开谈判。生意人卖白菜、农民工讨工资、警察逮捕绑匪、教师开导学生、中国加入WTO、朝鲜核问题，这些都涉及到谈判。不仅个人需要掌握谈判技巧，大到家庭、企业、社会、国家，都离不开谈判。谈判是当今时代的必修课。

谈判可以为你增加利润，可以为你赢得爱情，可以为你化解矛盾，可以助你实现事业、爱情、人际关系的三丰收。让谈判展现你精彩纷呈的人生吧。如果你是雄鹰，谈判就是蓝天；如果你是骏马，谈判就是草原；如果你是英雄，谈判就是圣殿……一路风雨，一路高歌，荡气回肠的感觉，源于无敌谈判。

学习谈判，掌握谈判，运用谈判，享受谈判的酣畅快感，品尝谈判的香甜硕果，本身就是一种积极的生活态度。

鉴于谈判的重要性，我以我多年来的谈判实战经验和心得，编著了这本《无敌谈判》，希望能给读者提供参考或帮助。

最后，我要由衷地感谢南方日报出版社的刘志一，以及方普文化公司的于艾平等人对本书的出版所做的努力！

杜云生

2009年3月5日

第一章

谈判的意义

一、什么叫谈判

多年来，我在全国巡回演讲，分享使人获得财富自由的教育课程，包括赚钱机器、绝对成交、公众演说等各种成功致富的课程。

但是有一个课程，是我多年来秘而不宣的课程，这门课程叫做“无敌谈判”。什么是“无敌谈判”？我15年来研究全世界所有成功人士，他们获得成功的案例中，我发现他们都用了一项特殊的技能，而这项技能就叫做谈判。

这项关键的谈判技巧是一般人都不愿意公开的，为什么呢？因为它实在太重要又太真实地在现实生活中不断发生。它涉及到你的成功、你的利益，涉及你的权利，涉及你的一切。

现在我跟大家分享的一门课程就叫做无敌谈判。什么是谈判？成功靠谈判。为什么成功靠谈判？什么叫成功？成功就是我们获得了我们想要的东西。你想知道什么，你想得到更多的股份，想拿更多的薪水，得到更多的利润，有更好的房子、更好的车子，你想得到的爱情，得到更多人的支持，得到更多的权利，这些如果你得到了，我们统统都可以称为成功。

如果没错的话，这些你想要的东西都不在你身上，都在别人那里，成功就是让别人支持我们，得到我们想要的东西。

这一种让别人支持我们，让我们从别人那里得到我们想要的东西的技能就是谈判，通过谈判让别人把你想要的东西给你。

说服跟谈判不一样，说服是引导别人自愿把东西给你，引导别人自愿作出决定，自愿说出是的。一个销售引导别人购买他产品的时候，他建立在别人的欲望上，让别人掏钱购买，这就是说服。

但是谈判跟说服不一样，谈判是一种权利的较量。不论你是否愿意都要说是，也就是说，你今天必须要买我的东西，除了我有，别家没有，即使我价格贵一点你也必须要买，不管你是否愿意都必须说是。

这种谈判能力是最顶级的说服技巧，是最顶级的领导技巧，是最顶级的沟通技巧。

二、业绩来自谈判

法律系学生上的第一堂课里，教授告诉他们："当你盘问嫌犯时，不要问事先不知道答案的问题。"

相同的训诫也可以用在销售上。辩护律师如果不事先知道答案就盘问证人，会为自己惹来很多麻烦，同样的情形也会发生在你身上。

绝对不要问只有"是"与"否"两个答案的问题，除非你十分肯定答案。

例如，我不会问客户："你想买双门轿车吗？"我会说："你想要双门还是四门轿车？"

如果你用后面这种二选一的问题，你的客户就无法拒绝你。相反地，如果你用前面的问法，客户很可能会对你说："不。"下面有几个二选一的问题：

"你比较喜欢3月1号还是3月8号交货？"

"发票要寄给你还是你的秘书？"

"你要用信用卡还是现金付账？"

"你要红色还是蓝色的汽车？"

"你要用货运还是空运的？"

你可以看见，在上述问题中，无论客户选择哪个答案，业务员都可以顺利做成一笔生意。你可以站在客户的立场来想这些问题。如果你告诉业务员你想要蓝色的车子，你会开票付款；你说希望3月8日货运送到你家之后，就很难开口说："噢，我没说我今天就要买。我得考虑一下。"

因为一旦你回答了上面的问题，就表示你真的要买。就像辩护律师问："你已经停止打老婆了吗?"这问题带有明显的假设(请注意，这问题不是："你有没有打老婆?")。嫌犯不管回答"是"还是"不是"，都等于默认了打过老婆。

掌握谈判技巧，对你的推销也很有帮助。当你向多人推销时，如果能问些需要客户同意的问题，将会特别有效。举例来说，当某家的先生、太太和小孩共乘一辆车子上街买东西时，我会问这位太太："遥控锁是不是最适合你家?"她通常会同意我的看法。

接着我会继续说："我打赌你也喜欢四门车。"因为他们是个大家庭，我知道他们只能考虑四门车。她会说："哦，是的，我只会买四门车。"在得到他太太一连串肯定回答之后，这位先生猜想他太太有意买车，因为她对我的看法一直表示赞同。

正因如此，到了要成交的时候，我已经排除先生得征求太太意见的这项因素。然后，我会说服他答应，他们彼此都认为对方想买这辆车，没有必要再召开家庭会议讨论，我也得到这张订单了。

当你推销给两个以上的客户或一群生意人时，这一招特别管用。先说服有支配权的那个人，是非常有效的方法——如此一来，其他人也会跟着点头同意。

自然地，我要建议你在决定谁是这群人的龙头老大之前，应该掂掂每个人的斤两。通常，你只需要说服他就可以了。

三、利益来自谈判

也许你会销售，但利益来自谈判。

我举一个例子。比方说有人在买房卖房，有人在租房，有人是出租方，有人是承租方，这个时候就需要谈判了。你认为谈判技巧好，是否可以为你自己买更便宜的房子，租到更便宜的房子呢？利润也靠谈判，也许你会销售，但利润来自谈判。

为什么这样说呢？因为销售只会产生业绩，但是销售不一定会产生利润。我举一个例子：很多老板跟我说生意做下来创造500万元的营业收入，这样的金额创造出来，没有剩下多少净利润，可能500万元的净利润只剩下10万元、8万元。因为销售只会产生业绩，利润来自谈判。

什么意思呢？利润来自一买一卖之间。怎么买卖才能产生利润呢？低价买进，高价卖出。买进的时候价格够低，利润就出来了，卖出的时候价格够高，利润也出来了，一买一卖，低买高卖中间产生利润。但是，很多生意人做一年生意下来没有什么利润，甚至有一些老板一年做几亿元的业绩，只剩下十几万元的利润。

为什么呢？明明是低买高卖的时候，他却高买低卖了。很多老板说谁都知道这样的道理，但是为什么高价买进，低价卖出呢？当你是买方的时候，你想低价买进，但是别忘记，你面前有一个卖方，卖方希望高价卖出。当你是卖方的时候，你希望高价卖出，别忘记，你面前有一个买方，他需要低价买进。

买家永远想低价买进，卖家希望高价卖出，买卖的时候，买卖双方永远地争持，永远地冲突，永远地对立，其根源就是价格问题。

我所讲的谈判，这一次我们集中在价格谈判上。所有的商业谈判到最后，最难过的一关就是最终的价格。所以，有的老板认为卖出东西就好了，但我认为，卖出东西还要能够卖出我们要的价格。

采购的时候，如果你一年采购额有500万元，你比较会谈判，你降低5%，就是25万元；销售的时候，如果你比较会谈判，一年销售500万元，你维持住5%，别乱降价，可能是25万元。一来一回是50万元，谈判产生利润。谈判是世界上赚大钱最快的方法，因为得到的每一分钱都是净利润。

有一次我人在上海，安排一个部门主管去北京帮我租房子。在北京帮我租房子的时候，这个房东说一天3.5元/平方米，他帮我讲价讲到3元/平方米，他说已经最低价了，是否可以签约。我说不行，继续谈。他花两三天时间谈不下来。其实我认为3块钱可以签下来，但我还花两三天派我的主管跟他谈，我认为在最后签约前，一定要再努力一次。所以，我就亲自从上海飞到了北京见一个房东。跟这个房东见面的时候，我花了两个多小时的时间，终于死谈活谈，软磨硬泡，使出浑身解数，谈下了5毛钱。0.5元并不是一个小数字，表面看起来是5毛钱，但这是600平方米，很多人笑我为了5毛钱飞过去谈两小时，不符合经济效益。

你想一下，5毛钱乘以600平方米就是300元一天，乘以30天一个月就是9000元，一年12个月就是10.8万元，我跟他签5年的合约，各位读者仔细算一下，10.8万元乘以5年就是54万元，一场谈判我的净利润是27万元。假如我平时的工作两小时赚不到54万元，我每小时的薪水如果是小于27万元，我用两小时谈这场房租协议，是否值得呢？当然值得，为什么？因为所得到的54万元是净利润，本来54万元租金要放进房东口袋里的，但是通过两小时谈判，放进我口袋了。所以大家记住，谈判是世界上赚钱最快的方法，因为得到的钱是净利润，没有成本。

通用电气是世界上最庞大的企业，它有一个总经理，上任一年什么都没有做，只做了一件事，就是创造了21亿美元的净利润。创造了21亿美元的净利润之后，有个董事会的成员看账目发现，没有增长营业收入，一整年的营业收入没有增加，没有降低生产成本，一整年的生产成本没有降低，但是净利润增长了21亿美元。董事会把他叫来问话："总经理，你没有增长营业收入，跟去年差不多，没有降低生产成本，跟去年差不多，净利润怎么样？我们没有来得及看细账，请你赶快告诉我们。"

总经理说，这一年我什么都没有做，只是把所有供应商的合同拿出来重新谈，就是对习以为常谈判的价格重新谈判，一支笔本来1毛钱降低到9分钱，桌子100美元降到90美元，房租200美元降低到195美元，买水的钱降低1%，把所有合约拿出来，一家一家重新谈，一家家削减出来，所有利润加起来是21亿美元。也就是说本来付出的费用是这么多，但是通过谈判节省了这么多。笔没有少买，水没有少买，办公家具没有变少，在什么都没有变少的情况下，支付给别人的钱少了21亿美元，本来在别人口袋的21亿美元，用谈判转移到自己的口袋里面来了，这就是谈判，世界上赚钱最快的办法。增长净利润只有三个方法：增长改入、降低成本和谈判。其中，第一个方法就是增长收入，增长收入就是增长营业额，但是这不一定可以增长多少净利润，因为增长收入的同时也增长广告费和人力费用、开发市场费用和营销费用，还有产品成本，所以多卖出未必有更多净利润。

所以有些人采取降低成本的方法。降低生产成本也不是最好的方法，因为如果降低成品会把品质降低的话，短期是增长利润，长期来看是得不偿失。我有一个朋友做化妆品，150元一瓶化妆品，他降低到100元，他说降低到100元，利润空间比原来更高了。我说为什么，他说因为我虽然降价了1/3，但是化妆品含量少了1/2。换句话说，他降低的生产成本更多，这样挤出来的利润空间可能短期有效，长期会让顾客失去对厂家的信心。

增长净利润最好的方法不是用增长收入，不是用降低成本，我个人认为是通过谈判，把对手口袋的钱放进我们的口袋里面来。

四、生活离不开谈判

有一次，我聘请一群台湾的专家到北京，我在一家餐厅请他们吃饭。到了餐厅之后，门口有很多家餐厅的人拉我们，我们都没有去，我们指定去一家餐厅。我们点了一桌的菜，很多都吃不完，菜都没有吃完，也还没有上齐，我们点太多了，心里感觉慢慢吃好一点。吃到一半突然发生了一件事情，隔壁有人喝酒喝多了在闹事，隔壁闹事的时候跟我们无关，但是不小心啤酒瓶打碎喷到我们桌子旁边来了，我跟我一群朋友当然要马上站起来躲避到一个角落里面去，预防危险发生。

服务员马上跑过来说："先生，我带你们到楼上开一间包房。"我们到楼上坐下来，他把楼下的菜端过来，我们心里不平衡，为什么这种不好的事情发生在我身上呢？我请客吃饭，正在谈生意，谈得很融洽的，发生这样的事情，我感觉这是餐厅很大的疏忽，餐厅一定要负责任。但是如果我让他负责任，他们一定会讨价还价，这个时候就需要运用谈判技巧。他们把楼下还没有吃完的菜端上来的一刹那，我对服务员说，楼下的事情让我们没有心情吃饭了，决定去别家吃，所以，这桌菜送上来不吃了。他说，先生实在对不起，我们也不愿意这些事情发生，请你原谅我们，给我们一个机会。我说让他们赔偿，一定要赔偿。服务员说他没有这个权力。我让服务员请经理过来。

其实我内心真的要他赔偿吗？不是的，但是这是谈判技巧。他们的经理20分钟后过来，很礼貌、很客气地问我们一句话："我能帮你什么吗？"我说刚刚楼下闹事啤酒瓶打破喷到我们这里来，我们正在谈生意，现在吃不下去，想到别家去吃了，可是，造成很大的精神损失，请你们赔偿。

他说，先生这样好了，请你原谅这一次，下一次绝对不会发生这样的事情了。我说怎么原谅？他说这一餐免费，我们暂时不可以赔偿你，但是这一餐可以免费，再送你一张7折的打折卡，下一次来可以7折消费，问我行不行。

我对经理说："见你态度这么好，好吧，我就原谅你吧！"经理说谢谢我，谢谢我原谅他。

我拿着打折卡带着朋友出去了。经理很感谢我原谅了他，我们也很开心，因为这一餐虽然没有多少钱，但是免费。

我并不是说我占了多少便宜很开心，要讲的是如果我对他说要给我免单，他最多说可以打7折；如果让他负责任的话，他可能最多是送一盘水果。所以各位读者，我运用一些谈判技巧在里面，让我得到最多的利润，因为那一餐我们将要付给他的钱，通过谈判转移到我们这里来，而他本来赚到的钱，因为他不会谈判，而无法赚钱。生活中，处处都在谈判。

买东西在谈判，卖东西在谈判，卖出再多也不会有利润，除非会谈判，在卖出的时候维持价格，买进的时候用更低的价格买进。

曾经在每一个人身边一定发生过一些事情，叫做租房子或者是卖房子，中介在中间扮演的角色是什么？他在买方面前，无论如何希望买方出更高的价格，在卖方面前无论如何希望卖方可以降价。只有他把两个人的价格拉到一个平衡点的时候，可以成交，他才会有利润。

教我这套谈判技巧的老师，其中一位在美国加州是最大房地产中介商，旗下有2000名中介员，天天在买方和卖方之间谈判。他也是美国前总统克林顿的谈判顾问。他教我这套商业谈判技巧可以协助大家在卖出的时候以更高价卖出，在买进的时候以更低价买进。

举例子说，中介员会对房东说房子不好卖，希望把价格降低一点；这个房子很少有人看，请你把价格降低一点；这房子附近卖不出去，请你把价格降低一点。他对买方讲，这个房子不好买，因为风水好、地理条件好、交通便利，当初买的价格都很高，所以必须要出更高的价格才可以买到。

只有把两方的价格拉到中间点，探出两方的底价才可以成交，他才有利润。精明的谈判高手在这一门课程当中不会让对方觉得他输了，精明的谈判高手会让对方觉得他赢了，他占便宜了，而且自己也得到利润，这就叫做双赢谈判。

一般人以为，谈判要双赢，公平才是叫双赢，未必。一个橙子怎么分，你大片还是你小片，最后才发现，我是需要橙的果肉榨果汁，你需要的是橙的果皮来敷脸，这是各取所需，这是真正的双赢。但是现实生活中很少有这样的事情发生，你要的是果肉，我要的也是果肉，到底谁大谁小，如果一半一半，也觉得不公平，因为我付出比较多，凭什么让你拿一半，这个时候就要靠谈判了。谈完让自己得到最大份的，同时还让对方觉得他赢了。

这个输赢不是价钱问题，不是金额问题，不是利润问题，是一种感觉问题。如果创造对方赢了的感觉，而且自己还赢了真正的利润，你赢了利益，对方赢了面子。不管你是否理解，我会给你一套规则，本书将教你一套适用的方法。

世界是大事小事全要谈判，国家大事要谈判，家庭之间也要谈判，夫妻之间有时候也需要谈判，儿女之间也需要谈判，父子之间也需要谈判，同事之间也要谈判。如果你会谈判就会化解很多问题、矛盾、冲突、障碍，可以解决生活中很多事情。

举例来说，小到买一根葱、坐出租车，你都会遇到谈判。出租车多少钱到某某地方，他说打表，你说不行，必须打8折，他说不行，这个时候怎么办？这个时候你可以说你坐别的车好了，他会说好吧好吧，你回来。前后不花30秒时间，他让了2折，8折成交。30秒时间，我得到的净利润是多少呢？如果我坐趟车是50元的话，我省下10块钱，一年我做50次这样的车，就是500元，每一次多花30秒时间可以省下这笔钱。这是小的。

大的呢？大的是如国家与国家的商业往来，贸易往来，用谈判可以为国家争取到最大利益；国家与国家的冲突，用谈判可以化解，甚至，我们在警察跟抢匪的枪战片中可以看到，挟持人质的时候靠谈判才可以救出应该救的人质，否则会爆发更多的危机。

五、谈判需要技巧

《圣经》里面有一则故事，也是跟谈判有关的，就是耶稣和雅布汉（同音）的故事。有一次耶稣要灭掉一个城里所有人，因为他认为这个城所有人都作恶多端，雅布汉要阻止耶稣灭掉这个城里的人，因为雅布汉觉得里面有好人。雅布汉在耶稣要灭掉这个城之前问了耶稣一句话："耶稣，你会不会因为这个城里面有50个人是好人，为了这50个好人，而饶恕这个城里的所有人？如果你把所有人灭了，把好人和坏人一起灭了是不对的，如果城里有50个好人，你是否愿意放过他们？"

耶稣说："如果你能找出50个好人就不灭这个城。"雅布汉有没有找50个好人呢？没有，雅布汉继续去谈，他说："耶稣，如果这个城里面有40个是好人，你难道要将这40个好人和所有坏人一起消灭吗？"耶稣说："如果你能找到40个好人，我就为了40个好人饶恕城里所有人。"

雅布汉有没有去找40个好人呢？答案是没有，他继续问耶稣："如果这个城市里有30个好人，会不会为30个好人饶恕所有人呢？"耶稣说当然可以，如果可以找到30个好人就饶恕大家。

雅布汉有没有找到这30个好人？答案是没有，雅布汉继续跟耶稣谈，如果我能找出20个好人，你是否愿意为20个好人饶恕大家，把这20个好人和坏人一起杀死是不对的。耶稣说，如果可以找到20个好人就饶恕所有人。

雅布汉又没有找这20个好人，他继续谈，他说："耶稣，如果我能找到10个好人，你难道要将这10个好人和所有坏人一起杀光吗？"耶稣说："行，你去找，你找到10个好人就不杀。"说完之后耶稣走了，耶稣不谈了。

雅布汉是怎么阻止耶稣去灭掉这个城市里所有人，是怎么救的呢？就是靠谈判，他怎么谈判呢？他抓到一点，他知道耶稣深爱世人，他抓住一点，把好人和坏人全部杀死是不对，他占住这一点理，所以，他开口先问耶稣，如果是50个好人是否愿意放过大家吗？耶稣说愿意，既然50个愿意，40个呢？耶稣没有办法，也是不杀，既然40个不该死，30个好人该死吗？不该死的，如果30个不该死，20个就该死吗？不该死，耶稣说可以找出来，就不杀，他还问耶稣如果有10个好人的话，10个好人是否该活下来呢？如果10个该活下来的话，就把所有人放掉。所以耶稣无法灭掉那个城市里所有人。因此雅布汉谈判成功了。

什么叫做谈判？谈判就是抓住一个支撑点，抓住一个理，抓住对方的让步。在上面的谈判中，耶稣从50谈到40谈到30，谈到20再谈到10，这是一个经典的谈判案例，这个结局是什么呢？各位听众是否想听到，这个故事结局是雅布汉终究没有找到10个好人，这个城市里坏人太多了，把这个城市灭了。耶稣也是谈判高手，他怎么谈的呢？耶稣并没有说，10个好人和所有人不该全死的，好吧，我不灭了，我走了。耶稣永远用一句话做妥协，就是“如果”，如果你可以找到20个好人就放大家，如果你找到10个好人就放了大家。“如果”让事情有了余地，如果对方找不出来，他有权力消灭所有人，而他并没有无条件说对方有道理，把好人和坏人一起杀不对的，就放弃了，走了，他并没有这样做妥协，而是用了一句“如果”，这就是谈判。

决不妥协，除非交换，拿出交换条件，你来我往的协商过程就是谈判。

我再讲第二个故事，让大家更清楚什么是谈判。耶稣有一次经过一条街，看到有一群村民围着一个妇女，大家指手画脚要打死这个妇女。耶稣深爱世人，想要解救这个妇女，跑去问发生了什么事情。所有人看到耶稣过来，让耶稣评价打死这个妇女对不对。

耶稣问他们凭什么杀人，这群人说，戒律里面说妇女应该遵守妇道，不应该对丈夫不忠贞。耶稣说对。如果妇女不忠贞，是不是根据戒律，应该打死她呢？耶稣看到戒律有这一条，哑口无言，这个时候所有人嚷嚷要打死妇女，逼耶稣谈判。耶稣如何谈判，如何在弱势的时候还可以谈判成功，解救妇女呢？

耶稣蹲下来，一言不发，拿一根树枝在地上画一些大家看不懂的图。所有人看到耶稣这个举动，马上安静了下来看耶稣在画什么。他画的东西一般人实在看不懂，所以所有人在仔细理解，到底耶稣想说什么。

隔了很长一段时间，耶稣终于站起来了，他说好吧，既然戒律上规定，她对丈夫不忠，应该打死她，现在我承认她该死，你们现在有谁没有犯过错的，可以开始拿石头砸她了。

最后一句话很重要："你们现在，谁没有犯过错的，你们当中谁没有犯过错的，现在可以拿石头打死她了。"

所有村民听完之后，放下手上的石头转头就走，哑口无言。

所有人走光之后，耶稣到笼子里面把妇女放出来，拥抱着这个女士说："没事了，以后别再犯错了。"

这一场谈判，耶稣如何取得胜利的呢？在说话人情绪高涨的时候，耶稣知道他们在为难自己，耶稣不可以在这里中计，不可以盛怒，也不可以违背戒律上说的话，说不该打她，把想救她的心理隐藏住。这里我们猜测他一时没有想到很好的谈判立足点，所以他暂时蹲下来。第一可以争取时间，让自己有时间思考对策；第二，转移注意力，让大家平静下来，才可以平静谈判。

他想了半天，画了半天，可能并不是真的要画什么东西，但他终于想出方法，想出来了，问了一句话："你们当中谁没犯过错的可以开始打她了。"

他的意思就是谁都犯过错，所以应该被原谅，因为不是每个人犯错都被惩罚的，虽然法律很严格，但是每一个人都犯过错，假如你曾经被原谅过，你今天也应该原谅一下别人，假如要打死她，你也应该把自己的错误找出来，接受严酷的惩罚。

耶稣找到这一点，找到立足点，开始了谈判。这是我们谈判的时候，根据《圣经》中的故事做的猜测，尽管我们并不知道真实原因是什么，但是我们可以作为一个案例，可以用谈判技巧解除你和股东之间的任何矛盾，你和顾客之间的问题，你和买方、卖方之间的纠纷，你和任何生意上、伙伴上、劳资之间的问题，而且得到你所想得到的一切，让别人说YES，你得到了利益，别人还很愿意跟你合作，这种合作的能力靠谈判。

第二章

如何做好优势谈判

一、谈判前的准备

工作中发生的大多数事情，都具有可预见性，几个月以前便可做好准备。然而，许多情况下，不到最后的时候，我们是不会为谈判作准备的，尽管谈判结果在以后的好几年内都起作用。

谈判的能力是可以培养的，谈判的人才也是可以造就的。追根溯源，谈判的成功，要从谈判前做起。

任何事情都有前因后果，在表象后面都有深层的原因，所以在进行对问题本身的谈判之前，应该充分了解与这个问题有关的背景资料，以便作出全面准确的分析。

美国著名的通用电气公司在处理与工会方面的劳务问题时就十分注意谈判前的准备工作。公司首先将工人过去抗议的原因、性质、形态、次数等资料都输入电脑中，然后由专家逐一分析，再会同公司高层研究，提出解决问题的方案，最后才派出代表进行谈判。

不打无准备之仗，谈判者除了灵活运用各种技巧，按事前的计划行事外，还必须预测谈判的结果，准备善后的解决方案。对于大型谈判而言，设定谈判目标，安排进行谈判的人选，确定谈判主题，收集有关事实与情报，分析重要论题与各自立场等，都是谈判前必要的准备工作。

谈判前，要对对方的情况作充分的调查了解，分析他们的强弱项，分析哪些问题是可以谈的，哪些问题是没有商量余地的；还要分析对于对方来说，什么问题是重要的，以及这笔生意对于对方重要到什么程度等等。同时也要分析我们的情况。

现在需要的是一种方案，以达成一系列非常合乎情理的原则。因此，在谈判日期来临之际，应该高度重视准备工作。以下十个问题有助于你作准备，仔细思考，并作好记录。

1. 你的目标是什么?

希望是什么?谈判的目的何在?不要期望太低,也不要期望过高,不应超过权力范围。什么样的原则或客观标准会让你的宣言变成现实,让你的谈判更具有说服力?

2. 除了首要目标外,还想要些什么?

你的第二或第三重要目标是什么?

3. 如何把蛋糕做大?

看看前两个问题的答案,你将如何扩大成功?如何扩大利益,并重新分配利益?列一个单子,找出办法。

4. 如果你需要退出又会怎么样?

作出撤退的选择,其原因何在?这样做要多加思考,以确信有无必要撤退。只要可能,在几个月前就应作好准备。

5. 了解对方吗?

你了解对方什么?他们最可能的目标是什么?他们的优势何在?他们的真实意图是什么?基于他们的想法,你所作的最充分的评估是什么?如何对待他人和自己的胜利?

6. 双方的谈判风格是什么?

谈判对手是谁?在谈判桌上,他们会表现出什么样的风格、个性?该如何应对他们?谁最能代表你的利益?你自己,律师或顾问,还是团体?团体各成员间的谈判风格是否和谐,各成员如何?

7. 谈判的权威性体现在哪儿?

谈判中,你认为谁最有权威?为什么?如果情况对你不利,什么信息将帮你改变主意?对方是否有结束整个谈判的威力?

8. 你最期望有什么样的成果?

你最期望的成果是什么?最坏的结果是什么?一般的结局

是什么？

9. 对方最期望得到的结果是什么？

你认为对方期望的最好、最坏和一般的结果是什么？

10. 如何谈判？何处谈判？何时谈判？

你设想的谈判程序是什么？什么时候开始最好？什么地方举行谈判最合宜？

总之，不少国际商务谈判因缺乏谈判技巧而失败。进出口商通过培养倾听和提问的能力，通过掌握上述的技巧，就可以在谈判中掌握主动、获得满意的结果。

二、引导对方走上谈判桌

什么叫优势谈判的驱动力呢？这么多年来，我阅读过全世界所有关于谈判的书籍。我发现，国外的谈判书籍，非常棒，非常好。我吸收每一家的长处，但是我发现，他们有一些缺陷，什么缺陷呢？他们直接教你谈判的原则、攻防的策略以及如何得到最大利益的谈判技巧。现实生活中，很多学员问我很多问题，这些老板说："我的合作伙伴是大厂家，我是当地的小经销商，我现在针对这个供货条件问题想跟他谈，我学的种种的方法技巧用不出来，为什么呢？因为他根本不跟我谈。"

我的学员说对方根本不谈怎么办？对方不上谈判桌，你一点方法都用不好，因为用不出来，英雄无用武之地。

最近上谈判课程的时候，有一个学员发问："杜老师，对方贩卖给我的是假货，导致我卖给别人也是假货，把我的商誉破坏得一塌糊涂。赔钱事小，商誉事大，现在找上家，希望他赔钱。我打电话跟他谈判，对话接了电话说，你过两天找谁谁，过两天找谁谁，你找我的供应商吧，谈都不谈，如何条件交换，要求索赔？”

不上谈判桌，你怎么办？这是目前世界上大部分国外谈判课程、谈判书籍、谈判大师不教的东西，我常常说“青出于蓝胜于蓝”，“冰出于水而寒于水”，冰是水变成的，但寒于水，青出于蓝就胜于蓝。我是世界大师教出来的学生，但我学的东西，倒过来胜过大师的东西，这一次我要教大家什么呢？就是谈判当中的第一步——怎么让对方上谈判桌。对方不上桌跟你谈，你一点用都没有，方法都用不上，不是吗？

所以现在要让大家更好地掌握优势谈判的驱动力，画一个图给大家看，你可以看到一个A非常大，一个B非常小，假设A实力大，B实力小，A资源庞大，B资源弱小。

A筹码比B筹码少，你认为，如果你是B，他是A，他需要跟你谈吗？不需要，我决定要给你多少工资就是多少工资，因为我是世界级大企业，这就是A和B的谈判。

如果他是独家专利权，他是A，你要卖他东西，你是B，你今天不卖，有别人卖，这个时候他实力比你强，谈什么都不谈，按照我方法做，否则就取消资格，他是A，你是B。

你认为可以拿10块，他只给5块钱，干不干随便你，跟我谈？门都没有，你不答应我，就是找别人，他是A，你是B，这是单方谈判，不叫协商。如果A和B谈判，这是表示一种诚意和善意，事实上，A不需要跟B谈，因为A有足够的权力，有足够的说话权，这叫A大B小的局面。

弱者有弱者的谈法，强者有强者的谈法，在本书中，你会看到你是弱者怎么谈，你是强者又怎么谈。

首先，让对方上谈判桌，离不开三个条件，对方同意谈判的三个先决条件，双方会坐下来谈的三个先决条件。

第一，一个无法容忍的僵局。

第二，双方都确认只靠一方的力量是无法解决这个僵局

的。我再讲一次，双方都体验到单靠一方力量无法解决共同僵局的，也就是说，对方沟通才可以解决问题。

第三，谈判的吸引力。什么叫做谈判吸引力呢？就是谈判的可行性和可欲性。这样讲太理论，我现在跟大家慢慢分析，让你知道引导对方走上谈判桌所需要的先决条件，这样才有谈判的驱动力。

谈判的目的在于解决一个僵局，但是在解决这个僵局之前，你必须先制造一个僵局，你必须先维持一个僵局，你必须先让这个僵局发生，使双方面临共同的问题，谈判才有可能发生。

举一个例子。对方是大厂家，你作为小经销商，你跟对方谈价格，对方不跟你谈，除非他面临某一个僵局。比方说在市场上，你联合他的所有竞争对手，不和他合作，他也许还不跟你谈，因为还有别人谈；如果所有同行联盟，要求他降价，他不跟你谈，就进不了这个市场，僵局就产生了。

比方说，你给你儿子一个月200块，你儿子要300块，你不给，200就200。儿子说，爸爸，300不给是吧，是否可以协商一下，你说不协商就不协商。我说了算，我是你爸爸。儿子说不协商就不写功课了，不参加考试了。小孩子闹情绪，如果不考试，会影响学业，你是爸爸，可能会担心了。对，僵局产生了。

你的员工说，老板，给我加薪，你说这个薪水已经很高了，你员工说，这个时候要是不加薪的话，有别一家聘请。你就让他走，如果还不谈怎么办呢？因为你是A，他是B。

这个时候B想谈判的话，需要跟A谈的话，没有任何的筹码，B有一天跟A说：老板，不只别人要请我，现在别人请我们整个部门走，走了的话，怎么办？老板一听这个是僵局，就会出来协商。

谈判要先制造一个僵局，谈判要先维持一个僵局，僵局是谈判的关键，所以，必须小题大做，制造僵局。谈判的第一个工作就是小题大做，如果你是B的话，如果你是弱者的话，第一个工作就把自己变大，如果你是B，比A小这么多，就想办法把自己膨胀变大。

有哪些小题大做的方法呢？举例说，有三种。第一种是增加议题。什么叫做增加议题呢？这个议题是有两种。第一种是数量增加。譬如说，不谈价格的话，你可以说，如果买100箱产品谈不谈价格？这个时候对方就谈了，这就是增加数量的方法。

第二种就是增长项目的谈法。如果对方不谈价格问题，你说你跟我谈一下价格问题，我就跟你谈我的销量问题，你跟我谈A我就跟你谈B。

你谈关税问题，我就谈一下销售多少给你的问题，跟老板谈薪水问题，老板说不跟你谈，你如果可以谈一谈，我是怎样一个人，可以做三份工作的，要不要谈一下呢？可以把本来两件无关的事情拉近来谈，因为A，他强你弱，偏偏B，是你强他弱，所以你跟我谈A，我就跟你谈B，这样叫做挂钩。

第一个方法就是把自己变大，就是增加数量，都叫增加议题。把数量变多，挂钩战术都可以叫增加议题，可以把B从小变大，B再跟你谈。

第二个方法就是结盟。结盟战术就是如果你是B，你找很多弱小的人一起跟A谈，大家在同一条战线上，弱者就是强者了。

第三个方法就是把情绪升高。

现在我们一起分析一下这三种方法。

一般人在买卖东西的时候，常常会用数量法，来把自己变大。对方说，价格不能谈了，你就说，那我就把采购量变大，对方的价格可能就可以谈，这是很基本的问题。

谈合约的时候，某一点他不让步，也许你知道未来有一点是你比较强的，他会拜托你，你可以说，今天这一点你跟我协商一下，过两天其他的一点我现在可以先答应你。这叫挂钩战术，但是这种挂钩战术有两种。一种是比较善意的，一种是比较有威胁性的。

什么叫做善意呢？就是你答应这个条件，我就答应不跟你竞争，退出这个市场，对方听到这种话有可能愿意跟你谈本来不跟你谈的事情，因为这件事情完全对他有好处。这是一种很善意的，放出来的东西对你没有利，对他有利的，这是善意的挂钩。但是除非对方相信你真的有诚意才有用，否则对方认为你是吹牛、胡说 ，他认为你凭什么要让步，这种主动让步要让别人相信你是有诚意的，才有效。

第二种叫做比较有威胁性的、勒索的战术。你跟我谈这一点，要是你不谈的话，那一点我就让你怎么样，那一点就让你涨价，让你短货，就会把货物卖给别人，就一定会扣你保证金……这种是对别人不利，对自己有利的战术，除非别人相信你是比较情绪化，不理智的人，会害怕恐吓，否则的话是无效的。但是这种方法让合作方式比较恶劣，第一次有效，第二次可能不跟你玩了，他害怕你了，他下一次会找更多的厂家供货，要不然他的利益会受到损害。

三、强弱之间的转化

结盟会让弱者变成强者。举一个例子讲：今天A有4票，B有3票，C有2票，各位在图片上可以看到，A的说话权最大，因为A有4票，B有3票，C有2票，B、C相对来说是比A小的，但是，今天有一个决案要通过的话，必须要5票才能通过。

5票才能通过代表什么呢？A没有过5票，B也没有过5票，C也只有2票，都过不了5票，所以三方都没有办法单方作出任何优胜的决定，三方都没有办法作决定，现在如何让决案通过呢？除非有两方结盟，你们认为谁跟谁的结盟几率最大呢？

通常，B跟A结盟的机会不大，因为加起来是7票，比5票多了2票，那2票浪费了，并且B跟A结盟的话，B是弱者，也许对A的贡献不大，因为A有4票，B有3票，B只贡献1票的力量。C当然也不太可能跟A结盟，因为C太小了，所以得到战利品之后分配到的资源也不会很多。

A有4票，B有3票，C有2票，B跟C结盟的机会最大，因为2票加3票就是5票了，可以赢票，而且B、C分到的战利品会更多，B对C的贡献差不了太多的，所以双方都比较有说话权。

所以，表面上看来是B跟C的结盟机会最大，B跟C结盟成功了，A可能就输了。仔细想一下，请问如果你面对这种局面，你是A的话，你难道不会猜测到C跟B会结盟吗？当然，如果你是A的话，也知道他们两个会结盟，对你不利，所以怎么办？所以你会抢先比B更早找C谈结盟的事情，对吧？

只要把C拉过来了，你就赢了，所以A也想找C结盟，但是B知不知道A想拉C呢？当然知道的，所以B会想办法比A更快找到C，保护C，不让A接触C，对不对？这样的局势会造成什么情况呢？造成C现在变成了抢手货，到底是A条件好还是B的条件好，根据情况决定跟谁合作，最弱反而变成最强。只要会善用结盟战术，最弱会变成最强。

所以身为强者可以有几点思考：

第一，你可以断然拒绝别人的要求，可以说“不”，我不答应你，要跟我协商这个事情不可能。他问为什么，这个时候，你是强者，你可以静静的，不说理由。看对方的反应，如果对方倾向于作出让步，对你的形势是越来越好，你可以顺着他的让步而取得更大的优势；如果对方开始不断壮大自己，或者退出了，或者不玩了，你可以找台阶下，你可以说我们老板说表现不错，可以决定给一些好的做法，如果你是强者的话，可以保持沉默。

今天如果有一个国家攻打另外一个国家，攻下了两个城堡，要求对方出来谈和，签协议书。决定签还是不签，你会考虑：如果不签，他再打一个城堡就是全输了，如果签，这两个就输定了，还不如反攻，但是打输了怎么办呢？所以你会考虑一下，形势现在对你是否有利。

你今天在等公车，如果公车两个小时都没有来，你已经等急了，或者一小时没有来，已经等急了，你会想坐出租车，但是你也怕，刚刚已经等了一小时，万一上了出租车后公车来了怎么办？所以需要分析形势，公车会不会马上来，如果马上来的话，那打出租车就浪费钱了，如果不打出租车，会不会浪费更多时间呢？边走边看，时间太急肯定找出租车，如果时间不急，你肯定还需要看看。

所以，A需要衡量，A比较大，现在形势是B越来越强，但是B只是暂时地膨胀自己。如果是暂时的虚张声势，你可以忍耐一下，你还是强者，你还是占优势，如果B的趋势不断变大，你可能需要赶快跟B谈比较好，以免他继续强大。所以，A需要分析形势，分析时间，急不急，时间站在哪一边。没有时间了，必须跟B谈的话，就赶快谈了，拖下去可能对你不利；有时间慢慢看，但也不行，万一对方膨胀更大怎么办？分析形势，你是A的话，赶快分析一下趋势，决定要不要谈判。

A还需要做一件事情，强者还需要做一件事情，就是要促成弱者赶快来跟你谈。第一个方法要教育他，要给他信心，很多人不跟老板谈了，心里想完蛋了，这个时候肯定是老板赢了，有什么好谈，算了，辞职好了。他是弱者，没有信心跟你谈，你要教育他，给他信心，让他知道凡事都是可以商量的。

第二，你要签订不平等条约。你要让他相信，我可以主动让步，如果在这一点上面，我100%让你，你不会有任何损失，会不会跟我协商呢？需要签订不平等条约，让别人看到你已经拿出让步的诚意，所以B就敢跟你谈，促成B上桌子跟你谈判。

第三，给对方甜头和好处，让对方知道跟你谈有好处，有实在的好处。可能会得到的好处，但不一定能够得到，虚的好处和实的好处，虚实结合，让对方感觉有小利可图，对方就开始跟你谈了。

四、谈判的可行性与可欲性

譬如你跟员工说，这个月的加班费给你双倍，原来给300元的，现在给600元，但是协商一下现在工作时间是否可以变长。对方得到小利了，对方虽然会感觉到他是B，但是他会觉得他即将变大了，给对方一些小利，或者教育对方，或者你先让步，签订不平等条约，你是强大的A都可以促使B上台谈。

促成谈判的三个先决条件：第一，僵局；第二，双方都确信靠一方之力无法解决僵局；第三，对方想上桌谈。你必须给对方谈判的吸引力。什么是吸引力呢？就是可行性和可欲性。听起来太理论了。什么是可行性？说白了就是他觉得他上桌跟你谈是可以办到的。什么是可欲性？就是让他觉得跟你谈是比较好的选择。

举一个例子，张三有房子想卖，李四想买房子，张三和李四未必就可以上桌谈，因为张三可能不急着要卖，李四觉得，所以跟他谈判很难谈赢的，他不急着卖，不好讲价，他可能不让步，没什么好谈的，既然他不着急，我就看看别家吧。

李四不跟张三谈，因为他觉得没有可行性。但是还有另外一种情况：李四会觉得既然张三不缺钱，也许在价格上就好商量，也许他不急着要钱，反而让步的可能性是有的，只要其他方面条件比较好的话，反而是可以谈的，这样就促使李四上桌谈了。对方想上桌，必须是有可行性，他才愿意上桌，觉得可以办到的，如果办不到，就不要谈了。

倒过来说，张三上桌前可能会想：现在房地产势头正好，到处都在涨价，我现在跟李四谈不是最好的时机，万一谈成了一个价格是好价格，我以为是好价格，然后又涨怎么办，所以不谈，看看再说。

这个时候张三不想谈了，因为他觉得也许房价会继续上升。但是反过来张三会想，万一这个房价下跌，现在不赶快卖掉的话，可能会下跌得更惨了，这个时候张三就会产生谈判的可能性。

李四又想：这个张三的房子愿意跟我谈，也愿意让步，可是别家抢着卖给我房子，抢着让步。他就跟别家谈了，为什么？因为他觉得跟别人谈，砍得更低是办得到的，懂了吗？只要可以杀价杀得更低，跟他谈是办得到的，是有可能谈成的，这种欲望和动力来了，就可以让对方上桌了，这是可行性。

还有可欲性，就是比较好的选择，什么是可欲性呢？继续看张三李四买卖房子的关系。

如果李四发现张三要出国就得赶快卖房，着急得不得了，他这个时候心想：砍他的价格还是好砍，砍别人价不好砍，跟他谈还是一个比较好的选择。有了一点甜头，有一个好处，谈判就有了可欲性，对方就愿意上桌跟你谈了，这就是可欲性。可欲性就是给对方一条路走，但是不可以打开大门让对方长驱直入。

谈判中，我们常常说先让对方开价，如果对方先开价就可以知道对方的底牌。我们常常有人用这种技巧，但是开价一方也会害怕，自己万一表态了，讲出的价格太低就吃亏了，太高就会把别人吓跑了。

所以怎么办？就需要露出一种可行性，让对方有谈判的动力，方法就是用条件句，如果你开价，怕开得太高或者太低都可以用。

如果产品价格是这样的，一套大概8000元，如果条件好的话还可以再谈；这个价格大概可以出2万元，但如果看整体条件好的话可以再加。加了一个“如果”在里面就有后路走，永远有余地，可以定义整体条件好不好，让自己有调整的机会，让对方觉得有弹性，所以就愿意坐下来谈。

如果把话说死，就2万元、就2000元的话，对方就不跟你谈了，觉得没有可行性了，用“如果”是最好的办法。谈判不是肯定句，告诉他说“YES”，这样就是让对方长驱直入，谈判也不是否定句“NO”，这样就是关起大门不跟别人谈。

谈判就是条件句，如果这一点条件不错的话，价格可以降低，可以把这个让给你，谈判常常需要用“如果的方法”交换条件。

所以就给对方传达一种可行性和可欲性。有很多谈判的书或者课程教别人，比如说走进店里面，假装不想买的样子，这样可能会让对方让步。可是仔细想想看，如果有两个人走进店里面，一个人表现得想买，另一个表现得不想买，请问一下，店员找不想买的谈，还是找想买的人谈呢？当然找想买的人谈，为什么呢？因为有可欲性，因为他觉得那个人可以谈，想买的，跟他谈比较好。

所以，不要一切都照搬，假装不想买也未必有效。事实上，表现得完全不想买，别人就觉得没有谈判的动力了，你要表现出想买，又有点不想买，谈判就有可欲性了，但是又好像不一定要，对方就可能开始让步了，需要拿捏那个感觉。谈判要给别人一点动力，让别人觉得跟你谈是办得到的，是比较好的选择。

这三个条件，少任何一个都没有办法让对方上桌。所以，无法容忍僵局制造出来了，双方都无法容忍了，已经逼了很久了，而且还让对方知道，通过谈判我是可以让步的，给对方一些甜头和好处，让这个谈判变得有吸引力，否则他会认为跟你谈也没有用。

曾经有学员在课堂上问我一个问题："杜老师，房地产商现在建完房子，我再去买比较安全，买预售屋、楼花很不安全。"

我说："为什么？"

他说："我曾经买过一次楼花，买完楼花之后，对方因为资金周转不灵，建不起来了，对方建不起来的话，我就血本无归，想找对方退，对方却不退。"

我说："你用什么方法让对方退？"

他说："我带所有买楼花的这些买主、小业主去找开发商，逼开发商退款。"

我说："难怪你要不到钱。"他说为什么呢？我说你不懂谈判。

你需要了解对方需要什么，害怕什么，谈判需要了解对方的需与惧——需求与恐惧。房地产商害怕你把所有小业主带来，他们一退就全倒了，所以打死都不可以退。

你一个人去谈的话，同时让对方知道，你把钱退给我，我保证不对别人说，只是一个特例，不可能变成一个先例。因为开发商害怕开了先例，就要开另外一个例，老板害怕开了一个先例，其他都跟着来要求退钱。你要知道别人害怕什么，万一开了一个先例，他们就全盘皆输了。所以需要让他知道，这是特例不是先例，了解对方的需求与恐惧。

对方不敢让步的原因是什么？对方需要什么？我上一次讲谈判的时候，有一个学员就是因为他要逼对方退款，他说要找所有的下游经销商，就是自己同期的经销商找厂家退款，因为他们卖假货。

我说这样人家更加不敢谈，你应该对对方说，这个你答应我，我保证拿了钱就走。因为你需要了解对方的需求和恐惧，先例和特例是不一样的。

你还要让对方知道，这是一个无法容忍的僵局，如果再忍下去，再拖下去的话，他拖延的成本越来越大，不谈判的成本越来越大，这样就有了谈判的推动力。

给对方一些好处，让对方觉得谈判会比较好，比不谈判好多了，有便宜可占，这样就有谈判的推力和拉力，就比较容易把对方拉上谈判桌。

第三章

决定谈判成败的要素

一、谈判是信息战

影响谈判成败有三大要素：第一，信息；第二，时间；第三，权力。

我在我的课堂上要求我的学员玩一个谈判游戏。我把这些学员分成A、B两个人一组，我对A说站起来，于是A站起来之后，我对他们说，各位A，现在游戏是我给你们10万元，只要给B谈成怎么分这10万元，怎么分，是六四、七三、八二、九一我都不管，只要B同意，就可以拿走这10万元去分，只要对方不同意，时间到了，就不给这10万元。

当时我玩这个游戏的时候，一开始A和B就认真谈，时间到了我说停，有人谈成七三，九一、八二、六四也有，也有一些达不成协议，双方都拿不到自己想要的钱。怎么会这样呢？

为什么呢？这场谈判被信息所影响，我说A群起立，我给你10万元，跟B怎么分，谈不成就不给，这个信息，B也听见了。所以A对B说，我给你2万行不行，B说不行，我要8万，你拿2万。怎么这么难谈呢？因为B听见了这个信息。

如果B不知道情况，我把A叫到办公室来，让他和B随便分。B没有听见，我问各位A，如果是这样的话，出去要分多少给别人，他们会说分100元、1000元。我问一下B，如果别人莫名其妙给你100元、1000元，你觉得好不好，B说这样很好。为什么这么容易谈成了呢？因为B没有信息，有信息一方胜过没有信息一方。

谈判成功的关键要素，第一就是看你掌握多少相关信息，你有多少情报。

二、有时间胜过没时间

为什么说有时间胜过没时间呢？

通常80%的让步是在最后20%时间内做出来的。让学生做报告，一个学期必须要交出来，通常在期末才做出来；叫秘书打字，她通常第三天才打好。

在北京申办奥运快要成功的一个晚上，我去看房地产销售现场，很多人拼命地买，因为当天晚上宣布奥运申报成功了，所以那个时间，快到期之前，是所有人做出最多行动的时候。

日本人跟美国人谈生意，曾经让美国人自己回答，美国吃亏在什么地方？答案就是时间。

美国人到了以后，很坦白说三天内必须回美国，回去的机票请日本人订。日本人先带美国人洗温泉、喝清酒、看表演、吃料理，一天拖一天。日本人款待客户，东玩西玩，玩了两天两夜，美国人问什么时候谈，日本人第三天中午请他们吃饭的时候说老板下午就来，结果下午来，去机场的路上让你让步，这个时候美国人怎么想？

来了一趟万一没有谈成的话就空手而归了，所以还是让步比较好。所以大部分的让步是在最后的时间做出来的。

谈判要让对方有时间压力，自己没有时间压力，有时间的人胜过没有时间的人。

没有时间的人会付出比较高的代价，买飞机票比较贵，就是因为省时间，今天洗衣服今天就拿，因为赶时间，就需要支付双倍的钱。为没有时间付出更高的代价，生活中是这样的，谈判一样如此。

三、谈判是权力的较量

第三就是权力，如果A和B说，杜老师给我10万元，我决定给你分多少就是多少，但是B说，杜老师说给你10万元，没有我同意一分钱也拿不到。这就是比赛看谁的权力大。

老板让员工张三扫地，张三可能就扫地，让他倒垃圾就倒垃圾，让他留下扫厕所就扫厕所。为什么老板谈判这么有权力？因为老板发薪水，员工靠他吃饭。员工很需要这份工作，和员工谈判的时候，你的权力就很大。有权力胜过没有权力的。

如果有一天，你要求张三扫地，他说不扫，你很吃惊张三怎么顶嘴了，张三说不扫就不扫。你认为自己是老板，是这个公司最大的。结果张三说，老板，我觉得我最大，老板问他哪里最大，他说不干了就最大，这个公司我早就不想干了，抬头就走了。

老板问张三，你为什么这样就走呢？张三说，对面公司3万元请我，我为什么在这里领这么少钱呢？结果有两个反应。老板第一反应可能是把张三叫过来说：张三回来回来，刚刚是因为今天早上跟老婆吵架了，所以今天才对你这样讲话，我愿意跟你好好协商，别人给你3万元，我们也可以谈。为什么老板突然变这样呢？因为张三可能在公司里面有重要的地位、重要的客户，没有张三，公司运作不下去了。如果老板让他走就走，无所谓，这表示张三权力不够大，可有可无。

四、如何摆脱时间压力

各位先记住，80%的让步是最后20%的时间做出的，你一开始发现他不让步，再不让步，你也别着急，到了最后，他通常都会让步，一定有期限，但别让对方知道你有时间压力，别让对方知道你有时间限制。很多人不会谈判，谈判的时候说“快，我很着急”。对不起，这个时候对方不会被你说服，其实，“快，我们很急，我们就会怎么怎么”，这样的话对方就会不让步，等着你让步，因为没时间的要让步。

两辆车面对面，互不相让，一个B和一个A谁都不让，这条路很窄，谁都不过去，我说如何让对方让，而自己不用让。很多人就会说，“我车上有病人，我很着急，你快点让路”，错，这叫说服力，不可以用来谈判。

如果我是B就说，你有病人，我不着急，抽根烟，在车上睡觉。如果你真的有病人的话，你先让就可以先救人了，没有时间的要输给有时间的。

所以，就算你有时间压力，都不能让对方知道。就算有时间压力都不能让对方知道自己有时间压力，要让对方有时间压力。

很多人谈判的时候会想，我已经投这么多时间了，我一定要谈一个结果来，已经投这么多精力了，一定要谈一个结果出来。

如果你有这种思想，你就很容易让步，谈判就处于劣势。无论投下多少时间都收不回来了，无论投下多少精力金钱都收不回来了，所以我一定要得到自己想要的条件，如果得不到我要的条件的话，我宁可一切都消失，我不委曲求全，我宁可一切都消失，无论如何我的谈判条件不会改变，不会让步。见坏就收，不要给自己时间的压力，就算投下时间了，都无所谓，不让步，除非得到自己想要的条件。

五、如何摆脱信息压力

如何摆脱信息压力？记住，有信息一方会胜过没有信息的一方，所以在谈判中，不要怕承认无知。什么叫不要怕承认无知呢？

有一次，一个老板问我："杜老师，我装修队花了很多钱，已经超过预算10万元，甚至会超过20万元，怎么办？如何终止需求，甚至怎样要回来多要的钱呢？"

我说，你跟他谈判的时候问他每笔钱花在哪里，第一笔花在哪里，第二笔花在哪里，材料费多少钱，施工费多少钱。他说：对方都是一次要一笔钱，不知道钱花在哪里。这是很多人在谈判中犯的错误：不敢发问。谈判中要大胆挖掘问题。

我常常会在谈判中问一些对方没有意料到的问题，譬如说你进价多少钱。我为什么这样问呢？因为对方一直说进价很高，给太低价格不行，需要给好的价格。

那我就直接问："你进价多少钱？"这个时候，对方就愣住了，我可能有两种反应：第一，他不回答，我判断他说的大概未必是真的。第二，他肯回答，我也未必相信，我听听他的价格，听完以后，我感觉一下，如果他进价这么高，是真的话，可能我就给他比较高的价格，或者在别的地方再向他要回来，这一点可能需要让步了。

如果觉得有点像假话，我就在这一点向他提出质疑，问他进价这么高的原因。

我敢三番两次地发问，我敢于承认无知。很多人会说杜老师，你这么聪明，这你知道啦。我说我不知道。他接着说，杜老师，我们是行业中不知道的，我们成本很高的。我说我不知道。

这个时候，我就逼对方透露更多信息给我，第一我不怕承认无知，第二我敢于问更多问题。你让对方讲越多，他讲着讲着，可能很多的信息会前后不一致，自打嘴巴，你就发现更多对你有利的部分了。

他说："杜老师，我们成本很贵，很高。"我会让他分析成本给我看，我越敢发问对我越有利，从而得到越多信息。

很多人谈判的时候，会保持紧张的状态，也就是说，他们当时挖不出任何信息。要擅长改变发问的地点。为什么有人喜欢打高尔夫球谈生意，吃饭、唱歌、喝酒谈生意？因为在比较放松的地点，比较容易挖掘到信息。

所以，不要在正式场合，不要在正式商业场合挖掘信息，在比较休闲的场合比较容易挖掘信息。

挖掘信息，要问到身边的人，甚至问他的对手，问他的同行。他不太愿意给你信息，但是他的同行、他的竞争对手、讨厌他的人，很愿意把他的信息都告诉你的。谈判中要擅长挖掘信息，你就能解除你在缺乏信息上的压力。

六、如何摆脱权力压力

有很多人在谈生意的时候说自己一定要谈成，他的心理不断暗示一定要，我相信很有企图心、很有决心、很积极的生意人，都有过暗示自己“我一定要成功”的习惯。

我也看过很多书，他们都教我们一定要成功，我们就成功。但是在谈判中，恰恰相反，你越一定要，越容易失败，越一定要就越难谈成。为什么呢？因为你一定要谈成的性格会让你很容易妥协，作出让步。

谈判的时候，只有一种情况，会取得最大的权力。什么情况呢？就是谈不到我要的条件，我就会走人，谈不到我要的条件，我真的会走人，随时有能力拍拍屁股就走的人，会在谈判中拥有最高权力，否则自己对对方的需求会降低，而对方对你的需求却增加了，这种需求就决定了权力。

我不是让A跟B分10万元吗？第一，因为信息，B知道A有杜老师的10万元，必须要B同意，A才能分到这个钱，所以很难谈。第二，时间。5分钟要谈成，通常在最后，4分50秒的时候，很多人一定要8万，给你2万，一让，就让到最后，就各拿5万元，或者到最后10秒的时候让步，不然一分钱都得不到，这就是时间的压力。第三就是权力，有人说无所谓，反正不缺钱，今天拿不到8万元，大不了一分钱也不要，但是B很缺钱，B会说，好吧，给我2万元也可以，B很需要这笔钱，会说好吧，会妥协。需要钱的一方在谈判中容易妥协，容易让步。需求越大，你给予对方的权力就越大，不是你的权力越大。

所以，你要告诉自己一定要谈成吗？不对，你告诉自己不一定要谈成，无所谓。谈不到我想要就可以走，随时可以走，真的会走，如果你不说随时可以走，就等于认输了。你一定要成交，你就处于劣势，你必须告诉自己，我不一定要成交，生意可以不做。问题是到了一定程度，你再也不想走。谈判谈得越多，你就认为走的话，太可惜了，谈到这个程度，你就认为前面就白谈了。这就是你最大的弱点。

曾经，我到一个家具店，他开价3万元。我说便宜点。他说不行，我往外走。他把我叫出来，好吧，算你2.9万元。我说不行，太贵了，我去别家。他说好吧，你回来。我调头走两次，就省下2000元，其实3万元也可以买，但是，我运用调头就走两次，省下2000元，不到5分钟，5分钟额外获得2000元利润，虽然不多，但很快，谈判得到的每一分钱都是净利润。

你调头就走，必须让别人把你留下来，调头走不是你的目的，而是一种手段。销售有四个过程。第一，就是观察，就需要观察对方是否符合资格，不符合的话不跟他谈生意，如果有钱、有意愿就跟他谈。第二，有钱，有意愿，有决策权，合格了就跟他谈生意。第三，建立别人的欲望，开始塑造产品价值，开始刺激他的需求，开始不断强调产品可以解决他的问题，这就是建立别人的欲望。第四，要成交。走人这个技巧是在成交的时候用才有效。

如果没有建立别人的欲望，你说谈不成，我走。他说你走就走。你说我真的走了。他说你真的要走就走吧。结果你真的走了。最后在人行道上，就问自己，奇怪，刚才发生什么事，刚才不就是白来一趟了。走不是目的，走是手段。

有一个学员上我谈判课听了一半，他打电话给我说杜老师，你知道我有多么了不起吗？我问他有多么了不起。他说刚刚有一笔100万元的生意，我都快谈成了，最终有一点不通，我就没有谈，调头就走了，已经走了很长一段路了，走很久了。他问我他棒不棒，我说他不棒。为什么？100万元的生意就这样走掉了。他说现在怎么办？我说走可以，但走要确保别人会把你叫回来，必须是建立别人的欲望，也就是谈判的可行性和可欲性。要让对方想拉你回来，或者中间有人拉你回来。否则这是失败的谈判。

七、一个典型案例引发的思考

老婆对老公说：“冰箱坏掉了，你去买冰箱。”

老公说：“不行，要先去上班。”

“赶快去吧，不去的话冰箱里的食物就要坏掉了。”

“好吧，先去公司打卡，11点之前回来去买冰箱。”

结果老公真的在11点钟回来了，开车到商场六楼买冰箱。这台颜色不错，但是价格太贵；这台价格不错，但是这个拉门不符合他的需求；这个大小刚刚好，这台可能更好，老婆女儿都要求买这台，让老公作决定。他老婆也说：“再不买的话家里食物要坏掉了，快买吧。”

老公一看标价1298元，说等一下，我把售货员叫过来讲讲价。

结果老公让售货员过来，售货员在擦地，一边擦地，一边问什么事，这个时候老公说：“多少钱一台，这个电冰箱？”

“上面有标价，有需要的话你告诉我，我帮你结账。”

“标价1298元，能不能便宜点呢？”

“先生，大商场不讲价，有什么需要叫我。”

这个时候这家人跟售货员是不好讲价的，为什么？因为看一下局势，分析一下信息、时间、权力，完全地失去平衡了。

第一，你知道售货员的提成是多少吗？他们是靠底薪还是靠提成赚钱呢？他们仓库还剩下多少台冰箱？他们有没有囤货的压力，竞争对手卖多少你知道吗？你什么都不知道，这样就没有信息。但是他清楚你的信息，如果你不急于买冰箱就不会到六楼来。第二，你们讨论买冰箱，老婆要求老公快买吧。售货员表面看起来在擦地，但是耳朵听见了，信息失去平衡了。他有你的信息，你没有他的信息。时间方面，他看起来很悠闲，好像一副不着急的样子，你看起来急得不得了，他可能还偷偷听见了你说的话，再不买食品就要坏掉了，所以他更不着急了。第三，时间又失去平衡了。权力方面，你问售货员冰箱多少钱，他让你自己看标签，标签是1298元，这是一种权力的象征，是精算过的。权力有时未必是真实，象征也是一种权力。如果你问问售货员便宜行不行，售货员说大商场不讲价，也就是说这里是大商场，这是一种权力的象征。所以，这个时候讲价完全处于劣势。

本书即将教你如何让你有信息，别人没有信息，你有权力，别人没有权力，以及别人制造压力给你，你如何摆脱，你如何摆脱信息压力、时间压力、权力压力。

举例子说。今天有一个董事长、一个副董事长、一个总经理和一个采购坐在办公室听你报告你的产品，但是报告的时候让你报价，你报价的时候，他们马上出去，让你等一下。他们几个人出去不知道商量什么东西，隔20分钟才回来。你等的时候会怎么想?

他们商量什么事情?讨论什么让我不知道的事情?马上有一个信息上的压力，他们回来之后对你说这个价不对，让你再报一个。这个时候你心理上可能处于劣势，马上报了一个很低的价格，为什么?因为你觉得他们知道什么秘密，你不知道。也许他们根本没有打听什么信息，只是抽烟或看足球20分钟，但是造成信息上的压力，让你觉得信息不平衡，所以你马上有了压力。

所以，未必真的是他有时间，你没有时间；他有信息，你没信息；他有权力，你没有权力。但是虚虚实实，这三点上，我们要学会给别人制造压力，摆脱自己的压力。

现在继续讲刚刚买电冰箱的压力。如果你处于弱势如何买电冰箱呢?

引用以上的方法，如果多买几台，是否可以把价格降低呢?

或者说还想买电器部其他什么东西，是否可以讲一下价格?别以为价格不可以谈，是可以谈的，因为价格也是他们坐在办公室定下来的。他们定一个小数点在上面，定3毛钱、2毛钱，还是不定小数点，全在办公室定价的。

你别以为自己是买冰箱的，你要认为是卖钱的，想要钱举手，每一个人都想要，所以买冰箱你是弱势，卖钱反而是优势了。再者，你还可以说不符合需求，门开的方向不对，可能还可以便宜点。

弱者有弱者的谈法，强者有强者的谈法。

八、谈判中的六种力量

如何运用好权力，才能取得更大的优势，在谈判中才可以取胜呢？这个权力与影响力有六种力量。

第一种是权威的力量。在谈判中，你希望谈判代表拥有权力的话，你就要给他高一点的头衔。拿出名片是业务代表，或者是副总裁，你觉得，哪一种人在谈判中有谈判分量？当然是副总裁，也许这个副总裁是营销人员，但是你给他头衔是有帮助的，头衔是免费的。

有一个8年没见面的朋友，他拿名片给我，一看是副总裁，我问他什么时候升的副总裁，他说很快的，我说他了不起，在他们公司是一流的。结果到他们公司去之后，看到他们公司的名片，这个是总裁，这个也是总裁，这个也是总裁，我说奇怪，你们公司有几个总裁，他说他们公司有500个总裁，我才发现他们是大型的营销公司，有大型的营销团队，营销人员从营销代表开始做到营销部经理，经理做到总监，总监再到总裁，第五个阶级就是总裁，他们是大型的公司，所以有500个总裁。

所以头衔是免费的，如果给谈判代表比较好的头衔，而他可以取得比较好的谈判优势，何乐而不为呢？

还有一种叫做主场优势，也代表一种权力。假设你今天到别人办公室谈，谈到一半，别人听一个电话，开一个会，这个时候处于主动地位，你就处于被动地位，这就是主场优势。尽量让别人来我们主场好还是我们自己去他们主场好呢？当然是来我们的主场好，我们有群众，我们有支持者，我们随时有掌控局面的能力，这也是一种权力的象征。

还有一个方法，就是谁是最大的？比方说你代表这个行业最大的公司，你是市场中最大的公司，你是这个市场中历史最悠久的公司，你是销量最大的公司，你是利润率最大的公司，是顾客量最大的公司。只要在宣传自己公司的时候，你想说某一个字，说“最”，这就表示权力了。

你也要突显“最”，广告词中的“最”就是权力的象征。这只是一种象征，未必有这种权力，而是一种象征，权威和力量是一种感觉，感觉他很权威，我是这方面的权威。权威没有所谓真实的、公正的标准，权威是一种形象，创造在别人脑海中的认知，所以有这种地位。

所以谈判过程中，需要拿出象征权威的标志。好像我讲到的这个商场的冰箱，如果定出1285元和1285.3元，哪一个不好讲价呢？答案是1285.3元比较不好讲价，为什么呢？因为感觉是精算过了，小数点都出来了，是权威的。感觉1285元比较好讲价。

第二种是奖赏的力量。什么是奖赏的力量呢？为什么新业务员和别人谈生意那么容易妥协和让步？因为新手让对方觉得别人和自己做生意，就是对自己的奖赏，这种想法导致他在谈判中处于劣势，这种感觉会让他妥协、让步。

但是老手不容易，因为老手不会让对方觉得这笔交易是奖励，甚至让对方觉得我们是在给对方奖励。举例子来说：有一家企业请我去演讲，我先拒绝，表示我没有时间。如果真的邀请的话请你开出一个好价格，我再考虑，因为我时间很满，价钱够好我才会接受邀请。

第一，我时间真的是满。第二，我去一家企业为他们演讲是对他们公司的帮助和奖励，而不是他们给我钱赚和给我奖励，所以在谈判中，我会有比较大的优势。谁给谁奖励，这就是运用这个力量的时候，在心里要权衡到底谁给谁奖励，是你给他奖励。

当然，夫妻之间、男女交往的时候也有这种争议。讲一个笑话：譬如男朋友说，你该听我的，要不然的话，我就不爱你。女朋友说你不爱我就不爱，我觉得跟你交往是我给你的奖励，有很多男生追我，我也不一定跟他们在一起，今天为什么跟你在一起，知道吗？男生和女生都在抓权力，如果任何一方说需要对方，离不开对方，你马上在谈判中处于劣势。有一天他调头就走，不跟你在一起，你说走就走，有可能他会回来让你拉住他；如果你让对方走得越远越好，对方可能就回来了，说是故意吓唬你的，请你不要抛弃他。这个时候，你马上权力上升，因为谁给谁奖励已经很清楚了。

如果不让老公睡床上，睡客厅，老公认为睡客厅就睡客厅，我早就想睡客厅，老婆会说：老公，你怎么讲这种话？我很生气。老公说，老婆，你赶我出去最好，我甚至不想回家了。老婆这个时候马上失去权力，为什么？因为老婆这个时候要惩罚你，现在老公认为是我给你奖赏，我不怕你惩罚了。

第三种，就是惩罚的力量。什么叫做惩罚的力量？前面已经举过很多男女关系、夫妻关系、老板对员工的例子，是员工惩罚老板还是老板惩罚员工，是供应商惩罚经销商还是经销商惩罚厂家呢？在谈判中，你要善于运用你能惩罚别人的力量，以及你可以解除别人对你的惩罚。只要你害怕别人对你的惩罚，你就处于劣势，如果不害怕的话就处于优势。降价是惩罚，把货给别人卖是惩罚，经销商买别人的货是对厂家的惩罚，撤柜也是对厂家的惩罚，行大压货，还是货大压行就是这个道理。

大厂家可以说，我不把货卖给你；大经销商可以说，把你的货放在最底下，让别人看不到。到底是零售商强势还是厂家强势，要看谁拥有惩罚对方的能力。

第四种，就是言行一致的力量。只要一个人言行一致，你通常会对他言听计从，一个人会兑现诺言，就对他言听计从，一个人说做一致，你就容易妥协、让步。

言行一致是不容易做到的，宁可坚持原则，损失金钱你都愿意吗？有的老板说，我为顾客着想，一切为顾客着想。你对顾客说，顾客先生，你买这台电脑，我赚钱比较多，但是我发现你买这种就够了，配置不需要这么高，虽然你买那台的话我赚得多一点，但我还是告诉你，你买这个，我宁愿少赚一点，我也要为你着想，不要花这么多钱，依你公司目前的情况，买这种设备就好了。

顾客一听，你宁可推荐他比较便宜的，宁愿少赚一点都为他省钱，顾客听到这样的话，就对你比较尊敬。这个时候你在顾客心目中形象比较好，因为你坚持了原则，少赚钱了。

有一些厂家卖皮包，他说永不打折，在香港和深圳买也是一个价格，在深圳、北京、台北、香港、东京买都同一个价格，宁可差一点关税的钱，都不打折。你说买5个路易威登打不打折，他们也不打，买10个也不打，里面很多人，没有一个讲价的，因为他们永不打折。你到法国巴黎的总店买这种皮包，他会说凭着外国人的护照，最多让你买两到三个，不允许多买。不是吧，皮包不让别人多买？要不然的话，巴黎买回去之后可以带回国内，不用关税，可以带给朋友，但是不可以卖给别人，因为是通过海关运输过去的，所以价格比较高，如果你降价卖会破坏品牌的形象，所以不让你多买。

各位明白了吗？他损失短期、眼前的销量，维持了他品牌永不打折的原则、权力、高档的地位。他不是真皮的，卖得比真皮还贵，因为言行一致。

今天买衣服买全价，过一些天打5折，这种品牌很容易让别人对它失去信赖感。说到做到的时候就拥有言行一致的力量，在谈判中这就是权力，就会占有优势。

第五种，就是迷人的力量。这个世界上哪些人最有影响力？具有领导力、说服力的领导人，不论是政治家、演说家，还是电视节目主持人，只要有领导力的人物，都拥有一种迷人的特质。什么叫迷人特质呢？在当初里根选举总统的时候，事实上他没有从政的经验，但他当选了，因为他曾经演过一部电影《超人》，他是好莱坞的电影明星，所以他当选美国总统了。

施瓦辛格当选加州州长，不是因为他很会治理加州，是因为他有迷人的特质。他是健美冠军，是美国的健美先生，是电影明星，在1998年的时候，是网站上排名最有魅力的男人。

克林顿总统看起来非常迷人，这与他能当上总统也是有关系的。

科学研究表明，外形比较好的人，说服力比较强。找工作的时候，很多老板告诉我，他面试很多人，在3分钟之内分不清楚谁有能力，谁没有能力，如果能力差不多，学历差不多，就凭着3分钟第一印象，对谁感觉好就用谁，至少看起来赏心悦目。

在法庭上，长得好看的人，就算犯罪了，法官、陪审团都通常认为是无罪的、冤枉的；虽然犯罪了，有证据，但判得都比较轻一点。一个长得不好看的，大胡须，横眉大脸的人，都会判得比较重一点。迈克·杰克逊被控告猥亵男童案，出庭的时候他全身是白色的，白色象征高尚纯洁，他在利用迷人的力量。

通常，一个你喜欢的异性在你面前和你谈判的时候就充满影响力和权力了。所以要擅长运用第一印象，人家一看到你，你在别人眼中80%以上都是你的服装，所以，服装要讲究一点，如果你完全可以给别人好的印象，那你为什么要输在第一印象呢？一整天给别人带来不好的印象，如果输在这里，为什么不在早上多花20分钟呢？穿出成功来，为胜利而打扮，为成功而打扮。第一印象没有第二次机会，走进电梯，从一楼到五楼，短短几十秒，可以在电梯里感觉一下哪个人是喜欢还是讨厌，迷人的力量在于第一印象就赢过别人。

你用的皮包，你戴的首饰和配件，全部都在传达你是什么样的人。如果今天顾客要跟你签约的时候，你打开皮包拿出的合约皱成一团，这个时候谈判有力量吗？如果拿出的笔又漏水了，弄得手上全部是墨，这一刹那是否有说服力呢？

有一次，一个人到我办公室来，建议我投资他的项目。他发明了用一只手打字的键盘，让我投资100万元，可以赚很多钱，他可以把项目做成功，做大。但是我一看到他的腿跷起来，我看到他的西装裤开岔了几十厘米，白色袜子有点黄，有点灰，脏就算了，而且领带都脱落了，垂下来，结果还露出腿毛，而且飘来飘去。我看了几秒种，被他的腿打断了注意力，我还是谈了几分钟，谈了几分钟又看他的腿，又持续谈生意，之后又看他的腿，怎么看怎么不对。我是否投资100万元呢？连袜子都不愿意换一双清洁、干净的，如果把100万元给他管，他会把生意做好吗？我知道这样推测并不科学，也许形象不好，别人做生意却好，也说不准。

但是人是会联想的，我们都知道，从小到大教育人不要以貌取人，但是各位，每一个人都是在以貌取人，你也一样，我也一样，难道不是吗?

所以，既然人的潜意识当中容易以貌取人，就不要在这上面吃亏。迷人的力量告诉我们，在谈判的时候要做一个令人喜欢的人，可能是幽默感，可能是形象整齐清洁，可能是穿着美观大方，各种方法都需要用出来。

第六种，就是专业的力量。举例来说，一个医生谈判的时候容易赢，因为他很专业。医生在开药方、写病历、写诊断书的时候，他要你买多少药都要买，为什么?因为他们专业。会计师、律师跟我们谈的时候我们也很难谈赢他。

不知道大家是否有这样的感觉?律师、会计师通常发明出一些专有名词，他们听得懂，但我们外行人听不懂，这样就让他们显得很专业。他故意让你听不懂，这样才可以让你产生依赖、尊敬，从而提高他的权威，他在加大权力，在潜意识当中不希望你听懂。这就是专业的力量所带来的权力优势，要在行业中发展出别人心目中更专业的人，成为别人心目中更有地位的人，在谈判中就会取得优势。

对于以上六点，你现在可以做一件事情，就是打分数。0到10分，第一点你有几分，第二点有几分，第三点有几分……跟对方衡量，你有几分，他有几分，衡量完之后就可以知道谁高谁低了。每一次都要在这六点上作出比较，跟谈判对手作出比较。如果这六点你少于50分，那么可能这是你的弱点，你太弱了；如果刚刚好50分，OK，你已是很棒的谈判专家；但如果这六点你打完之后是60分，可能是过于尖锐和强势了。所以我们打完分数，不要让自己达到满分，也不要让自己低于50分，在这期间上上下下，比对方高一点就是不错的选择，毕竟谈判高手不可以在谈判完之后全赢，让对方觉得自己在你面前输到底了，否则下一次不跟你谈了，不跟你合作了。

以上讲的是影响谈判成败的三大关键要素——信息、时间、权力。这是基本功，只要在谈判时稍微分析一下，就可以发现局势对你有利还是对对方有利，以及怎么摆脱对自己不利的条件。在这三点上面寻找对方的压力点，找出之后再用更好的谈判技巧去谈判，可能对你来说，每一场谈判都会事半功倍。

第四章

培养胜过对手的力量

谈判中要当强势一方还是弱势一方呢？当然是强势一方。但是如何当强势一方呢？如果当上了强势一方，就是单方谈判了。什么是双赢谈判？就是协商型的谈判。什么叫单方谈判？就是不用协商，我可以赢定你了。

你找银行借钱，就需要签字，签字之后就不需要谈了，就必须按照他的还款时间还款，要不然他就封你房子，不可以协商。单方谈判就是没有必要跟你协商，100%要听他的，如果他跟你协商，表面看起来是一种诚意，但是他有绝对的权力。

如果你有这种单方谈判的强势实力，在谈判中你就是无往不利的赢家，无敌谈判的专家。

我在课堂上训练我的学员的谈判能力：想象一下狭路相逢，两车互不相让，我说现在谁能让对方让，谁就赢了。

他们开始谈了，他们谈了5分钟，10分钟，谁也不让，所有方法都用上了。之后我让大家停，让成功的举手，有一些人举手。赢的人是怎样赢的呢？如果找出两台车互不相让的局面，你可以让对方让步，表示你拥有强势的力量，有让别人必须让步的理由。

所以，我就挑出来，总结成8个方法，运用在所有谈判上，都是一样的原理。

一、增强惩罚对方的能力

第一种方法就是两车对峙，互不相让。谁先让？我是大卡车，他是小汽车，我当然不让，我加油冲过去，看他让不让。有人是这样赢的，没错，这是一种强势谈判的力量，这叫有能力冲过去，这叫惩罚对方的能力。如何在谈判中运用呢？第一，剥夺对方一些好处，譬如说可以拿掉头衔，可以降级。剥夺对方一些好处，在谈判中是强势谈判能力。老板对员工常常有这种能力，因为他发薪水给别人。第二，找一些不好的伤害加在他身上。比方说，刚刚说大车撞小车，就是将不好的伤害加在他身上。

我刚刚讲大车撞小车，小车就必须得让了，就是因为有一种惩罚对方的能力，将伤害加在他身上。

在谈判中还有一种方法叫做让对方得不到他想要的东西，也是惩罚对方的。你明知对方想要什么，你手上握有筹码不给他，这也属于惩罚对方的能力。剥夺对方好处，或者加一些伤害在他们身上，或者将他想要的东西不给他，这都属于拥有惩罚对方的能力。

或者是恐吓，直接说清楚如何惩罚对方，这是强势的，如果对方不这样做，你就怎么做。

我有一个朋友奋斗十几二十年，赚到了两三千万元，有一天被别人恐吓，2000万元一夜之间就被别人拿走了。虽然别人不合法，但是生命安全更重要，必须交出2000万元，这就被恐吓了，虽然是不合法的，但我想讲的是，人一时之间会因为被对方恐吓而妥协、让步。

谈判是赤裸裸的权力斗争，有一些比较温和，有一些比较强势，不管对方是否愿意都惩罚。我们当然希望对方顺从，如果对方不顺从，我们拥有制裁能力的时候，对方不愿意也得顺从，当然，和平谈判最好。

二、培养承受惩罚的能力

有人问，杜老师，两车对峙，互不相让，到底谁先让呢？当然是他先让，为什么？因为我这是一台二手车，是破车，是已经开了10年的二手车；对方是奔驰车，我肯定让对方让步。我就可以逼对方让步，如果他不让，开过来会被刮得很惨，我怎么被刮无所谓。谁经得起被刮，谁就可以不让，谁经不起就必须要让，这就是承受惩罚的能力。在谈判中谁有承受惩罚的能力就可以不让步，甚至逼对方让步。

下面是两个相关例子：

记得在高中时代，我有一个同学，他很爱漂亮，经常花钱买名牌的服装，又喜欢逞强斗勇。有一天他在路上遇到别的学校的一个坏学生，双方互相瞪了一眼之后，他气急败坏，很想去打对方，但是忍下来了。我问他为什么忍下来了，他回答说，其实他可以打架，一点都不害怕，但是那一刹那他让步了，因为他今天身上穿的，是昨天刚刚买的名牌衣服，如果跟对方打架的话，他受伤不怕，但是舍不得衣服。

我看电影，一个人在酒吧里面被别人围住，他如何突破重围呢？他当时拿起酒瓶子，就往自己脑门上打下去，他自己头破血流了。他对那些人说自己不怕死，谁不怕死就过来，这些年轻人本来想吓唬他的，发现这个年轻人不怕威胁，竟然拿瓶子打自己的头，头破血流都不怕，并且拿瓶子冲过来了，年轻人马上吓一跳，让他突破重围了。各位，这就是他有承受惩罚的能力。如果有承受惩罚的能力，你扣保证金就扣，扣光我也不怕，这个时候就不怕被他要挟，有利于自己的谈判。

三、站在法律一边

有人对我说，两车对峙、互不相让，谁先让？答案是，这是单行线，这有什么好说的，当然是他让步。对了，在课堂上有人这样让对方让步的，这也是强势谈判的能力，这叫做法理站在哪一边。法理站在哪一边，越合法就越可以稳住自己，拒绝让步，违法一方在冲突对立的时候必须让步，没有选择，因为法律不支持他。

10年前，我刚刚来中国大陆演讲的时候，在某一个城市办了一家咨询公司举办讲座。当时，有另外一个城市的同学来上课，告诉我来这里上课太远，让我从甲地到乙地办培训班。我就轻轻松松拿着行李租会场，开始推广一些我的课程宣传。晚上有人告诉我：杜老师，有关部门来检查我们，说我们是有问题的。我说不对，第一，我开的是教育别人的商业课程，潜能开发、激励课程，让大家奋发向上，应该不会对有关部门造成不良影响。他对我说：因为最近本地很流行一种不好的歪理邪说，他们要检查是不是歪理邪说的。我说没有问题的，我们绝对是合法的，对国家、对社会有利。

他们先在办公室调查一下，问我们有没有营业执照，我马上告诉财务人员说，我们有营业执照，但是在甲地。有关部门说，这里是乙地，是这个城市，是不是没有本地的营业执照？我说没有，因为我不知道。他说不对，一个执照可以做一整个城市，并不是一个执照做全中国的。我说不知道，国情不同，地区差异不同，这方面疏忽了。

他当时没收了我的书籍、货物，还没收了财务人员皮包里的钱。他还请财务人员下楼把提款卡插进去，财务人员想如果让他们知道提款卡有钱的话，可能全部被没收了，所以卡被吞掉了，有关单位的人员就拿不到提款卡里面的钱。我急急忙忙就开课，不可以向对方要货，也不可以拿回被罚的钱，因为我当时要开课，因为我没有谈判的资源和权力，我必须妥协、让步，让他制裁我吧，没有问题。

但我开完三天课，第四天，我就觉得他没收我的钱和货物应该有凭有据，我才可以向公司的财务部做一些报销。如果我们有凭据，公司就不会觉得钱是我拿走的，我到有关部门找相关人员，说当天没收了我的钱和货物必须给我开收据。

他们让我看了一下法规，说这个行为属于异地经营，最少罚款10万元，最高可以罚款20万元。如果开条的话，可以开，但表示收的货物和财物要上交，所以要上交才可以开条，可能不仅被罚6000元，可能被罚20万元。这个时候他问我，是否再要开收据。我说不用了，留着吧，私人拿也无所谓。为什么我当时无法据理力争？我不确定他是个人拿还是上缴，但是我确定，法理不在我这一边，条规上面，我是要被惩罚更多的，因为我是异地经营，所以我没有谈判的实力。这次经历让我学到做生意必须正正规规，每一张合约，每一个行为，都必须完全在法律范围内，否则的话，有一天面临谈判冲突的时候，你就是处于劣势的。

四、时间是一种宝贵资源

两车对峙，互不相让，到底谁先让呢？答案是我绝对不让，对方先让，为什么呢？因为我有时间，我无所谓。我没事干，抽根烟，听一个音乐，躺下来休息，对方要着急，对方先让，谁急谁先让，这就叫做时间站在哪一边。

通常在演唱会开场前买票容易把票价降低，因为要开场了，手上的票卖不掉就蒸发了。有一次我买演唱会的门票，在4月21号开的演唱会，我3月就买了，因为听说4月21号的演唱会已经快卖完了，我担心买不到。因为太轰动了，他们主办单位决定加开一场，4月20号加开一场，报纸上登出来，5万张的门票又排长龙卖掉了。我赶快买票，我3月就打电话买4月的演唱会门票，涨价，本来2000多元的票我花4000多元买，因为我急着买，这叫做时间不站在我这一边，时间站在他们一边。

他们有的是时间慢慢等，我不敢等，我花4000多元买了票。当天我遇到一个朋友，我说我请他去听，他说没有票怎么去听，我说门口应该可以买到便宜的，他说为什么你买4000多元呢？我说因为我怕买不到，所以我多花钱买一个保险。但是遇到你之后，我们赌一赌在门前是否可以买到便宜的。结果买到了，2000多元的票800多元就买到了。越接近演唱会门口，就有人卖得越便宜，从600多元到300多元都有，越接近演唱会开场，到晚上六七点的时候，600元都有人卖。时间站在哪一边，没有时间的人要让步。

五、造成事实要赖到底

两车对峙，互不相让，到底谁先让呢？答案是我熄火，我下车走人。我把车停在那儿，就不让，你要让就让，不让就不让，你不让的话我也不倒车，就是造成事实要赖到底。

举一个例子说，有人在这个谈判中发现对方要挟你必须要怎样，比如要求你把人放了，你觉得对方是有权有势的人，非要你把人放了。你趁对方还没有找到你之前，你把人关进去了，结果你说：大哥，你早点来讲，我就放人了，你晚了一步，没有办法，我已经关进去了。这就造成事实要赖到底。你要我的钱，对不起，要钱没有，要命一条。银行向你要钱要不出来了，就宣布破产，几百万元要不回来了，造成事实要赖到底。我这个就是没有办法，你看有没有其他办法，死猪不怕开水烫，光脚不怕穿鞋的，遇到这种人，你没有办法，你也不得不让步，为什么？因为你实在没有办法。

六、操纵对方认知

林肯当美国总统之前发生过一件事情。当年林肯总统真的遇到过两车对峙，互不相让。他身材很高大，坐在马车上面，到一个狭窄小路的时候，对方一辆小车正面过来。因为当时光线不足，林肯的身材很高大，所以对方感到他是一个很壮的人。林肯让对方让，对方让林肯让，林肯说不让，对方也说不让，真的互不相让，这个时候，气氛很紧张。凝望对峙了5分钟，林肯在马车上站起来问对方让不让，对方看到林肯这个架势就说好吧，我让。于是马车就退后几步，让出一条路，林肯的车马上往前开。马车开到对方旁边的时候，对方在林肯旁边问了一句话："兄弟，要是刚才我不让，你会怎么样？"林肯说："我就让。"对方吓了一跳，原来他被林肯唬住了，这叫操纵对方的认知，又属于虚张声势，这叫做让对方以为我们会怎么样，但实际上我们没有这个资源，没有这个实力，没有这个能力，没有这个意图。这叫操纵对方的认知。

历史故事里有"空城计"，兵临城下了，诸葛亮依然在上面悠然自得地弹琴，为什么对方看到这一幕就退兵了呢？因为对方以为诸葛亮在城内一定有埋伏，而事实上没有埋伏。他故意装这个样子，是因为他以前给人的印象是诡计多端，他经常弄虚作假，所以对方的认知被诸葛亮操纵了，对方让步了，这叫做操纵对方的认知。在谈判中，如果让对方以为你有实力，误以为你会怎么制裁他，对付他，恐吓他，你就拥有让对方让步的能力。

七、适度奖赏对方

两车对峙，互不相让。我出钱让他倒车，于是对方就让了，这叫做奖励对方的能力，报酬运用。可是有人说，杜老师，他给我2万元我倒车，我不想要，我还想给他5万元让他倒车。为什么你给2万元对方不倒呢？这说明你有奖赏对方报酬的能力未必有效，还必须对方想要才有效，你拥有没有用，对方必须想要才有用。这叫做报酬运用。

八、巧用群众力量

我告诉对方，太多车开进来了，后面塞车，想倒也倒不了。没有办法，太多人在后面，所以请你倒，所以你就倒了。这就叫群众压力，群众的力量，也是我前面讲的结盟力量。

以上我讲了8种力量。虽然两车对峙的故事，跟你谈生意好像没有关系，但实际上两车对峙如何让对方让的游戏，总结出来的这8种方法，还可以用在经济、家庭、人际关系和各种谈判上，谈合同、买卖都一样。你的强势谈判，你的无敌谈判，你的优势就是这胜过对手的8种力量。

也可以说这就是一种权力，信息、时间、权力的延伸版本就是这8种力量。现在对这8种力量进行一个总结。

第一，有能力冲过去。有惩罚对方的能力是一种资源，还是一种战术呢？答案是资源，但也是战术。你是大卡车，你强大，所以可以惩罚对方，可以冲过去，是能力和资源。但冲不冲，你可以吓唬他，也是一种战术。

第二，承受惩罚的能力。这也是一种资源，你是破车，开过去不怕刮，这就是你自己的一种资源，但是否开过去还不一定，所以这也可以说是一种战术的运用。

第三，谁闯单行线是资源。法理站在哪一边，很明显这是一种资源，法律是一种资源。

第四，时间站在哪一边。很明显，这也是一种资源。

第五，我把车熄火，下车走，看他倒不倒。这是一种战术，造成事实要赖到底是一种战术。

第六，林肯法。操纵别人的认知是资源加战术。林肯很高大是资源，诸葛亮诡计多端的形象是资源，但他并不是惩罚对方，所以也是一种战术。

第七，我出钱让他倒车。这个报酬运用，用报酬奖赏对方当然是一种资源。

第八，群众压力，后面塞车。群众压力是一种资源。

现在我们看一下8种力量，是资源还是战术多呢？答案是资源多。所以各位记住，培养胜过对手的力量，资源大于战术，谈判中资源大于战术，别以为靠战术就可以赢，资源靠积累，战术靠学习。

第五章

无敌谈判的战术及原则

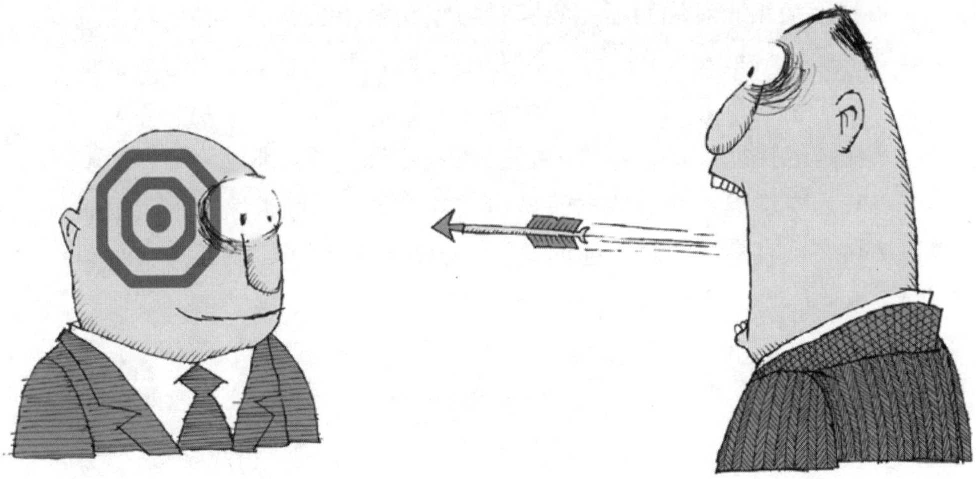

一、开高法

如果你是买方，如何用更低价买到更高价的产品，如果你是卖方，如何用更高价卖出所有东西，价格高得你意想不到，也就是说前面所教的东西立即让你产生利润，还记得吗？所有的销售只能产生收入，但是利润来自谈判，学这套无敌谈判，我们会让对方觉得自己赢了，但实际上你才是最大的赢家。让你赢得最多，还要让对方相信他赢了。

现在我们立刻分享无敌谈判的战术原则，第一条称为开高。什么叫开高呢？要的比想的更多。

美国有一个女大学生，她在读大学，有一天她寄信给她妈妈，对妈妈说：妈妈，对不起你。妈妈看到开始就说对不起，有点紧张了。女孩又继续写：女儿没脸见你。女儿不敢回家了，女儿愧对你们了。妈妈想到底发生什么事了，心里越来越沉重。结果女孩在信第二段开始写了，今年上大学的时候，我认识了一个男孩子，刚开始男孩子对我非常好，我爱上他了，我跟他热恋了。她妈妈一看，是交男朋友了，那发生了什么不好的事情呢？交男朋友干吗那么紧张呢？后面继续写：我跟他热恋没有多久，就跟他同居了。她妈妈惊讶了，女儿怎么跟别人同居呢？她妈妈的心情跌到谷底了。

女儿继续写：同居了一阵子之后，我发现自己的肚子大了。妈妈一看到这个，就觉得糟糕了，她女儿在读大学第一个学期就跟男人同居，还把肚子搞大了。所以她妈妈心里越来越难受了，又生气又紧张。

这个时候继续往下面看：妈妈，肚子大我也心甘情愿为他怀孩子。到了学校之后，校长看到我肚子一天比一天大，同学嘲笑我就算了，可是校长不让我来学校读书了，因为这个学校不准在校期间怀孕生子，所以校长就把我开除了。

她妈妈一看，觉得真糟糕，女儿怎么发生这种严重事情，现在才告诉我。女儿说：妈妈，我不仅不敢告诉你肚子大了，不仅不敢告诉你被学校开除了，同时还有一件事不敢告诉你。她妈妈急了，还有什么事呢？信里面又写了：有一天我在家里面呆着，好想检查一下，可是我去检查的时候，看到我的男朋友跟别的女人在一起。她妈妈一看：你认识什么坏男人，欺骗我女儿的感情，把我女儿的肚子弄大了，害我女儿没有书念了，现在怎么办呢？女儿继续往下写：我决定要跟他分手，但是这个宝宝必须要留住。她妈妈一看，这个男朋友也没有了，学校也没有了，分手之后谁养你？算了，你到底发生什么事情呢？信里面写：发生这些事情之后我很焦虑，在楼梯的时候还在哭，还在伤心，还在难过，一个不留神，就从楼梯上摔下来了。她妈妈一看，女儿，你已经身怀六甲，还从楼梯上摔下来，到底会发生什么不可思议的事情？她妈妈继续看：我在昏迷了之后醒过来，在医院里面发现我的宝宝已经没有了，非常遗憾。这真是人间悲剧，这么不好的事情怎么发生在你身上呢？她妈妈快要泪流成河了。

信的结尾出现了最可怕的一段话：妈妈，你看到这封信的时候，你女儿已经不在你身边，你也可能永远见不到你女儿了，你也不要来见女儿，因为女儿这封信是跟你说一声永别的。

她妈妈眼泪全部掉在信纸上，快要崩溃了。但是信的最后一段文字，她妈妈一定要看清楚，上面写着：PS（就是注明的意思）。附注一段话：妈妈，以上所有的内容你不要以为是真的，我并没有认识一个男人，我也没有跟他同居，我更没有未婚生子，我也没有被校长开除。她妈妈一看，这是怎么一回事？刚刚已经下跌到谷底的心情好像突然有了转机，见到了曙光，没有发生这些事情，太好了。下面又写了：我并没有去医院检查的时候发现什么男人背叛我，没有从楼梯上跌下来，更没有失去宝宝。因为这些事情没有发生，我也没有自杀，也没有跟你说永别。她妈妈一看，这封信里面刚才讲的原来是假的，马上擦干眼泪，心情恢复平静，看一下信的最后写什么：妈妈，我写这些内容是因为我不敢回家见你。她妈妈一看：为什么不敢回家见你呢？因为今年的数学我考不及格，所以我决定不回家了。

她妈妈一看，数学不及格算什么？女儿啊，你在哪里？继续看：如果你希望接我回家的话请打这个电话，但是我害怕见你，害怕你骂我，所以不敢见到你，除非你真的不骂我。妈妈说：根本不骂你，女儿，你没事就好了。赶快打电话给女儿，接女儿回家，回家之后女儿根本没有被骂。她妈妈本来是一个对她女儿学业要求很严格的人，因为她女儿害怕数学不及格，怕被她妈妈骂死，所以她写了这样一封信。

从这个事例可以看出，妈妈不骂她女儿的原因是因为她女儿做了一件事情，就是“开高”。谈判的时候要的永远要比想的多。记住这句话。谈判的结果，取决于夸大的要求。

这样做，有几个好处：

第一，你可以争取谈判的空间，以免你开得过低了，被别人杀价之后，就没有利润空间了，争取谈判空间被杀到一点价格的时候，你还可以保持不错的利润。

第二，顾客可能会接受这个高价。你本来心里想开500元，可以让到400元，最低价是380元，所以本来以前都开390元的，这一次直接开500元。对方说好吧，既然产品这么物超所值就答应你了。开高，说不定对方会答应。

第三，“开高”可以提高产品在客户心目中的价值，可以在合作过程中提高你在对方心目中的价值，顾客觉得你是更高价值的。

第四，可以避免无法让步的僵局。很多人说380元就是开380元，认为自己很实在。对方却一定要让他让步，问350元行不行，你说不行，因为已经是底价了，360元行不行，不行，已经是底价了，370元行不行，本来就已经是底价，对方还杀你的价，他说你这个人怎么这么强硬，这样好了，375元给你好了，不行，因为底价真的是380元，要赔钱的话就不干，这个人太强硬了，跟你做生意真没有意思，下一次不跟你谈了，不成交是你自己造成的，因为你一点步也不让。

第五，可以创造买方是赢家的气氛。如果你开500元，一直被他杀到400元，一直杀到390元成交了，这样的话，你会给对方营造了一种对方赢的气氛，如果是380元一点都不让步，最后375元也不让步，379元也不让，他迫不得已跟你买了，他让步了，但是他会觉得他输了，你赢了。

二、夹心法

什么叫夹心法呢？夹心法有一个先决条件，就是让对方先提出条件。如果你是卖方，让买方先出价，别让对方说让你把条件开出来，看他是否接受。如果你拿出条件来，对方就会说，我再考虑考虑，我再问问我们的老板。在你别让对方把你的底子和条件说出来之后再考虑考虑，你的方法可以让对方先考虑一下，然后对方开了价，你如何还他一个价呢？答案就是用夹心法。

那么，开高要开多高？开太高把对方吓倒怎么办？开太低我们没有让步空间怎么办？所以记住，开高但保持弹性，这个价格基本上是500元，但是买得多可以商量，你需要给对方一个商量和协商的空间，而不是非常强硬地开高，对方会感觉被你吓倒，开多高好呢？就是用夹心法了，假设对方的开价说500元买，你的底价要600元卖，你可以开700元，你假设成交价介于双方的起始价中间。

如果你打算1000元买进，你让对方先出价，对方说1300元，你就可以同样给300元的空间，就是700元，所以双方的差价是均等的。夹心法是什么意思呢？你要让对方让步，对方说1200元，你就说800元，对方说1100元，你就说900元，对方说1050元，你就说950元，夹心法就是一边打折，一边夹心，不断用同等的幅度，双方的差价由双方平均分摊。

使用这一套模式的重点是：第一，要让对方先开价；第二，你开的价介于希望的成交价中间；第三，一边打折一边夹心。

运用夹心法，需要注意的原则就是不要答应对方的起始价或者回应价。

假如你儿子向你要钱，或者要车钥匙，你应该说：要车钥匙干吗？儿子说：要去玩。你问：去哪儿玩？儿子回答：我要跟朋友去看电影。你回答他：不太好吧，坐公车吧。儿子说把车借给他吧。你就说：借车可以，希望你答应一个条件，早一点回来，8点前回来行不行？儿子就会答应；你还可以向他提出必须写完作业的要求，儿子会答应的；你还可以提出不可以给零用钱的条件，这个时候儿子会答应的。这个时候把钥匙给他，儿子会感到比较合理。如果你直接答应他，儿子可能会想：怎么了，老爸？今天这么爽快？甚至会产生其他想法。

这套无敌谈判战术原则，并不能保证你会这样做，你的对方不会这样做，因为对方也会这样对你，但是你可以想办法把我这一套所有的战术原则综合使用。也许，你可以这样对别人，对方也可以这样对你，这就要看谁运用得好，最熟悉规则的人是最终的赢家。

我有一个学员学完无敌谈判专家的三天课程，他隔天回来分享，他说：杜老师，我学了一个方法，就是不要马上答应对方的要求，我马上做了。我问他怎么做。他说做了之后很糟糕。我问他发生什么事了？他说：他停车加油到一半，开到一条小路上厕所，有一个抢匪跑过来，拿着刀顶着他，让他把钱包拿出来。他说考虑考虑，这个钱包可以给你，但是里面的现金你要还我。对方看到这样，马上划了他一刀。

各位不要马上答应对方的要求，但是遇到抢匪例外，你还是把钱包和现金全部给他算了。

三、挤压法

有一次，我在五星级酒店订了几桌饭菜宴请一些客户。订餐的时候所有的菜式已经订好了，没有想到所有人到齐了，坐好了，销售经理过来跟我悄悄讲话，他说："先生，你看你的客人这么高兴，要不要多来一支红酒？"我看了一下价目表，问多少钱。他说现在一支红酒275元，你觉得怎么样？这个时候，我看他是趁着我客人都来了，想在我吃饭的时候追加一下我的消费，我说多少钱？他说275元。我说什么？太夸张了吧，红酒一支275元，我在这里花了这么多钱，我不在乎这个钱，但是单价实在太贵了。他说：先生，这样好了，我们一支算你270元，便宜5块钱好不好？他才便宜我5块钱，我当然不答应，我开始用挤压法了。我说："你的条件不够好。"我一说完条件不够好，他自己在里面想，想了一两分钟，跑过来对我说："先生，这样吧，我送你们每人餐后一份甜点，本来是20块钱一份的，现在免费送给你，你看怎样？"我计算一下：20块一份，10桌就需要200块钱，他的成本虽然不到100元，只是定价这么高，但是他愿意送我一份，我感觉心情很不错，但是我没有马上答应。我说条件还可以更好，他说："服务费、小费都全免了。"我想他为什么愿意卖酒，可能他利润还蛮高的，要不然他不会一下子答应我这么好的两个条件。我心里已经很高兴了，实际上我可以答应他了，但是我想再挤压一下。什么叫做挤压法，知道了吗？

第一，你可以说条件不够好，然后闭嘴，对方可能没过多久，又放出对你有利的条件。你可以再问，是否条件可以更好，像挤牙膏一样，每一次都觉得没有了，但是再挤一次，又出来了。所以，你记住每一次谈生意的时候，你只需要来这一句：你条件还可以更好或你条件不够好。你可以发现，对方很容易让步。

第二，说出对方条件不够好后，马上闭嘴，嘴巴闭上没过多久，对方马上又放出好条件来了。这些谈判的规则各位读者别小看，你只要认真去用，都可以帮你增加利润，马上见效。

四、黑白脸策略

我们想象一个场景：警察局里，一个很凶猛的警察突然揌住你，把房门一锁，然后过来让你坐下，绑住你，用脚踹你，把你踹到很远的地方，你倒在地上，他又抓起来，给你一拳，问你招不招，这件事是谁让你干的。

你这个时候会说不要问我，我是无辜的，我根本不知道，你打我干什么。他说如果你再敢说警察打人，我就拿榔头敲你头，你知道吗？突然间门被打开，另外一个看起来很正义的警察跑过来说怎么可以打人，警察打人是不对的。这个时候，凶猛的警察被赶出去了，你认为警察局还是有好人的。

这个时候，他说：你脸被打伤了，用冰敷一下；鼻子流血了，赶快拿纸巾擦一下；你饿了吧？先吃碗面吧。抽完烟之后他就说：他这个警察脾气就是暴躁，别跟他过不去，他就这样，我就不希望他这样我才进来。不过这个案子他是主管，如果你不跟我配合，我可帮不了你。

警察可以说：今天你进来，你是替别人顶罪吧，你告诉我是谁教唆你干这件事情，把幕后主使供出来，要不然那个警察进来我可帮不了你。

你可能会觉得，刚刚那个凶猛的警察再进来的话，我怎么办？他是办案的主要警官，我要是再不配合好人的话，可能还要挨打，这个警察看起来不错，可以跟他合作，但是我不想供出主谋是谁，万一供出来，出卖了我老大怎么办？

于是这个好人又开始说了：你知道吗？我帮你向法官求情，最多是坐两年牢，万一到时候他们查出来，跟着判十年八年也有可能的。如果你告诉我的话，搞不好我让你不用坐牢，你告诉我是谁，我保你。这个时候你开始想，这个大好人，如果投靠他，可能都不用坐牢了，你就开始讲幕后主使是谁了。

有没有看过这样的电影呢？我相信每一个人都看过，这就是著名的黑白脸策略。这种策略如何运用在商业上呢？

想象一下，今天他在跟你谈判的时候说：哎呀，很抱歉，我们老板最近很强硬——黑白脸策略。他说我们老板很强硬的时候，就给自己留了一个不用让步的理由。

他可以说，这样吧，你告诉我，你最高愿意出多少钱，我进去说服我们老板，没问题，我们老板比较听我的，刚刚你跟他谈了半天不答应，他就是这样，脾气倔，一会儿就好了。这样吧，你别跟他计较，你对我说你最高可以出多少，我想办法说服我老板就对了。

这个时候，身为买方，请仔细想想，你真的相信他站在你这一边帮你吗？你认为他是谁雇来的，他领谁的薪水，帮谁做事？但是你一不小心就以为他站在这边帮你，一不小心就把底价或者最高价说出来了。他是在套你的出价的最上限，对不对？你出到最上限了，他就可以进去跟老板商量，然后出来说老板太强硬。这就是黑白脸策略。

卖方这样干，买方也可以这样干。买方也有这样干的习惯：你别跟他计较，刚刚那个人硬说跟别人做生意，算了，我把他拉回来，但是你能不能让一步，你有一点让步最好，这个价格再低一点，我可以把他拉回来。

你认为他是在帮你吗？他是在套你的最低价，把老板拉回来之后，跟你出价的时候可以压得更低一点，因为老板随时可以走，向你发脾气，随时可以对你说：如果你不答应我的话，我就炒了你。

五、绝不提双方分摊差价

什么叫做绝不提双方分摊差价呢？我在前面讲过夹心法，比如说你心里的底价是1000元要买，对方要1300元卖，你就说700元，所以一边打折一边夹心，慢慢接近内心希望的成交价。因为你让对方先开价，然后用抬高的原则，再用夹心法，你就可以得到1000元的底价了。

但是，这只是一种策略，别以为这个差价是100%公平的，未必是这样的，为什么呢？如果今天甲方开价20万元卖房子，乙方开18万元要买，中间价是19万元成交，难道公平吗？不一定，要看房子的实际价值而定。如果房子价值19.5万元，开18万元的这个买家看对方缺钱就坚持18万元，然后，19万元成交的话，对卖方是不公平的；如果说实际上不值19万元，才值18.5万元，如果卖方看到买方很喜欢房子，就坚持要以19万元成交，因为他开20万元，对方开18万元，用夹心法夹到19万元，也不公平的，所以均法差价也不一定公平。

在谈判中，我们绝不提双方分摊差价，而是鼓励对方提分摊差价，那怎样鼓励对方提分摊差价呢？例如你提8万元卖，对方提6万元买，两者差2万元，经过一番交战之后，你愿意用7.4万元卖给他，他愿意出6.8万元钱买，就差6000元差价了，不会这一招的人可能会提出分摊差价，说就各让3000元好不好？各让3000元的话，就是以7.1万元成交，这就是前面讲的夹心法，但是现在不要用这个方法，我们要鼓励对方提出分摊差价，怎么鼓励呢？

你说已经谈半天，现在就差6000元，我愿意7.4万元卖，你愿意6.8万元买，但是我们争持这么长时间，现在就差6000元，你看怎么办？这么长时间我实在不想就此放弃，你看怎么办？就差区区6000元，难道差这点就妨碍成交吗？这就是鼓励对方分摊差价，搞不好对方就说各让一步，既然差3000元，各让3000元，我6.8万元加3000元，7.1万元买了，你看怎样？

这个时候听到7.1万元，你装傻，笑一下说，是吗？我7.4万元卖，你7.1万元买，中间就只差3000元了，太好了，既然只差3000元了，可能我们离成交更近一步了，太好了，我马上跟领导反映一下，我希望领导马上答应你，明天回复你。各位看到没有，你把局势变成他已经让3000元，但是你一分钱都没有让。

现在差价是3000元，你隔一天回来对他说，最近领导真的很强硬，不知道吃了什么火药，不肯让步，你看怎么办？我们就差3000元，难道就差3000元让生意谈不成吗？我们花了这么长时间只差3000元，你看怎么办？继续鼓励对方让步，如果鼓励再成功的话，各位注意了，他会多出1500元，搞不好是7.25万元成交，分摊差价是五十、五十，各让一步。会用这样方法的话，你可以让对方再分摊一次，最后他让了75%，你只让了25%，就算这个方法失败，最差的情况也是你跟他对半均分了，对你只有好处没有坏处。而且这个方法最大的好处是，他会觉得是他说服你让步的，他会觉得是他说服你的领导让步，因为最差情况均分是你说的，因为你的领导不愿意平分的。如果他让75%，你只让25%，他也会觉得他逼着你让步的，因为你原来是一分钱不让的。所以用这个方法是最高明的谈判策略，你赢得了利润，对方还认为是他说服你让步的，对方还相信是他赢了，是他占了便宜。

六、每次都要审读协议

如今几乎所有的协议都是用电脑打印的，所以不幸的是，每次对方向你提交协议时，你都要仔细地审读一遍。在以前，大多数协议都是用打字机打出来的，双方审读一遍，圈点一番，然后交给打字员进行修改。当修改后的协议送到你面前时，你通常只需要注意一下那些修改的地方就可以了。可如今所有的协议都是用电脑打印出来的，所以每次对协议进行修改时，我们都要重新打开电脑，修改文档，然后重新打印一份新协议。

这就会产生一定的风险。协议中的某个条款，对方同意进行修改，并表示把修改后的协议寄给你签字。当修改后的协议被送到你的办公室时，你可能正忙着做其他事情，所以你可能粗略浏览一下你曾修改的地方，然后就直接翻到最后一页，在上面签上自己的名字。不幸的是，由于你并没有花时间重新读完整的协议，所以你并没有意识到对方同时已经在其他地方进行了一些修改。他们修改的可能是一些非常重要的地方，比如说把“F.O.B.工厂”修改成为“F.O.B.工作地点”，也可能只是一些细小的用词方面的修改。这些地方你通常并不会留意，只是许多年之后，当双方之间的合作出了问题，你需要向律师出示协议时，这些问题才会浮出水面。到了那个时候，你可能根本不记得自己当初同意了什么，所以这时你只能假设自己当初的确同意了对方的修改。

我以前曾认为这种情况出现的概率很低，我觉得很少会有人通过偷偷改协议的方式来伤害别人。可当我在培训班上问我的学员们是否会遇到这类问题时，让我大吃一惊的是，居然有20%的学员表示自己曾经遇到过这样的情况。

有些协议可能有几十页长，在审读这些协议时，不妨考虑使用以下几个小窍门：

把两份协议放在一起进行对比，看看它们是否配对；

将新协议扫描进你的电脑，用文字处理软件对两份协议的文字进行对比；

用文字处理软件记录所有的修改。你可以只打印最终的版本，但一定要留意协议上的修改内容。尤其是在那些时间周期比较长的谈判中，由于双方要多次修改协议，所以这点就变得尤为重要。

七、谈判中的让步模式

谈判最终不可能不让步，所以，让步有让步的模式。什么叫做让步模式呢？

假设今天开价1.5万元要卖，还价1.4万元要买。这个议价空间是多少？就是1000元。假设你是卖方，如何降价呢？有一种人很笨，把降价金额固定四等分，每一次降价250元，他叫你降价就降250元，他说不行，再降250元，他说不行，再便宜点，你又降250元，当你这样降价的时候，买方会怎么想？

他不知道你的底线是多少，但他知道只要一施压你就降250元，一施压再降250元，所以他第三次还要施压，他第四次还想施压，第五次还想施压……你无法让他相信你。

也有人第一次先让400元，留600元空间，看对方是否答应。结果对方不答应，再施压，这个卖方就突然慷慨解囊，好吧，我便宜你600元，这样够好了吧？

买方会怎么想？第一次叫你让步，你让400元，第二次你让600元，肯定还有空间。他心里想，起码还可以杀100元，结果呢？现在100元杀不下来，到底了。他说刚刚600元这么让我，现在100元也不让吗？他说让10元可以吧，你说实在到底了。他说：你刚刚600元这么爽快答应我，现在连10块钱都不让步。这样的局面对卖方很不利。

还有一种人会认为，1.5万元跟1.4万元差1000元，他为了表示诚意，他一下子全盘皆让：好吧，1000元就让你了。这叫做全面让步，叫做单边投降，还没有让对方放下武器，你就先放下武器说：我表示诚意，我举起双手。这是下下策。

所有的让步模式最好的方法是什么呢？就是让步的金额合理，而且有可能导致成交，并且，你也可能在成交的时候，赚到比原来更多的利润，而且让到底你都不会全输，还会保留空间。

举一个例子，你1.5万元卖，他1.4万买，中间差1000元。他逼你让步，你说：好，我便宜你400元。这时候对方一听，才便宜400元吗？再便宜好吗？你说：再便宜点也可以，但我实在没有太多空间了，再便宜你300元吧。这个时候就让了700元。他说不行，再便宜点行不行？你说实在不行，我已经到底，没有空间了。他说再便宜点就买，你说好吧，这次最多让你100元了。

你一共让了800元。但是他会觉得，第一次400元，第二次300元，第三次100元了，大概已经没有水分了，他说你再让一点，如果他还让你让步的话，你最多只能让多少了呢？50元？30元？还是20元？你说：再让你50元。他说：好吧，既然你已经到底了，成交。

为什么他觉得到底了呢？因为你让步的幅度是递减的：400元、300元、100元到50元，结果呢？他觉得没有空间了，可以成交了，事实上1000元还剩下150元，因为你只让了850元。这样就让你以更高的利润成交，没有让1000元利润让光。

记住让步口诀：让步的时间要慢，让步的次数要少，让步的幅度要越来越小。

这样，你还保留了更多的利润，而且对方觉得他赢了，他拥有说服你的成功感，他有面子，最终双赢。

八、谈判的结束模式

结束谈判的方法有两种，第一种方法就是谈成之后握手说：我告诉你，刚刚你要再多坚持一下我就让你，刚刚你要是再狠一点，我可能让你更多。这是最笨的结束模式，叫做得了便宜还卖乖。这样会让对方回家睡不了觉。下一次不要跟你面对面谈判，会宰你个片甲不留，他会想，这小子别再给我遇到，下次不要再跟你做生意了。

各位，这是最笨的，这是幸灾乐祸。最好的结束模式是什么？

谈判结束时，你要恭喜对方，无论你赢了多少，他输了多少，无论他的谈判技巧如何，你都要恭喜他：恭喜你，你的表现真棒，虽然结果不是我最满意的，但是，我觉得我很高兴。因为我跟你学到了很多。你是我见过谈判技巧最好的，我跟你学到了很多。

"你是我见过谈判技巧最好的人，我向你学到了很多。"你这样一讲完，对方不但觉得他赢了，很有面子，同时，他沾沾自喜，下一次还想跟你合作。

无敌谈判专家就是你是买方的时候，你用最低价买进，对方还认为他占便宜了；你是卖方的时候，你以更高价卖出所有产品，对方还认为他占便宜了。双赢就是你赢了利润，让对方赢了感觉；你赢了利益，让对方赢了面子。你赢走了利润，对方还认为自己占了便宜。

双赢是一个感觉问题，多少钱才叫公平，没有标准的，只要在谈判结束之后，买方觉得好险，要是对方再强一点，我可能就要出更高价买了，太棒了，我占便宜了，他让步了。卖方谈完之后觉得，松了一口气，觉得好险，要是对方再强硬一点，我可能让步更多了。各位，只要双方觉得今天谈判赢了，这就是双赢。只要感觉长存，双方愿意合作愉快，这不就是双赢的合作，双赢的谈判吗？

这种创造对方感觉的能力就是这一部分所教大家最重要的技巧、原则和方法。然而，在许多谈判中，谈判的结局并不理想。谈判者更多的是注重追求单一的结果，固守自己的立场，而从来不考虑对方的实际情况。为什么谈判者没有创造性地寻找解决方案，没有将谈判双方的利益实现最大化？有经验的谈判专家认为，导致谈判者陷入上述谈判误区的主要有如下三个障碍：

其一是过早地对谈判下结论。谈判者往往在缺乏想象力的同时，看到对方坚持立场，也盲目地不愿意放弃自己既有的立场，甚至担心寻求更多的解决方案会泄露自己的信息，削弱讨价还价的力量。

其二是只追求单一的结果。谈判者往往错误地认为，创造并不是谈判中的一部分，谈判只是在双方的立场之间达成一个双方都能接受的点。

其三是误认为一方所得，即另一方所失。许多谈判者错误地认为，谈判具有零和效应，给对方所作出的让步就是我方的损失，所以没有必要再去寻求更多的解决方案。

针对上述谈判的误区，我们认为，成功的谈判应该使得双方都有赢的感觉。双方都是赢家的谈判才能使以后的合作持续下去。双方也会在合作中取得自己的利益。因此，如何创造性地寻求双方都接受的解决方案就是谈判的关键所在，特别是在双方谈判处于僵局的时候。为了使谈判者走出误区，我们主张谈判者遵循如下的谈判思路和方法：

第一，将方案的创造与对方案的判断行为分开。

谈判者应该先创造方案，然后再决策，不要过早地对解决方案下结论。比较有效的方法是采用所谓的“头脑风暴”式的小组讨论，即谈判小组成员彼此之间激发想象，创造出各种想法和主意，而不是考虑这些主意是好还是坏，是否能够实现。然后再逐步对创造的想法和主意进行评估，最终决定谈判的具体方案。在谈判双方是长期合作伙伴的情况下，双方也可以共同进行这种小组讨论。

第二，充分发挥想象力，扩大方案的选择范围。

在上述小组讨论中，参加者最容易犯的毛病就是，觉得大家在寻找最佳的方案。而实际上，激发想象阶段并不是寻找最佳方案的时候，我们要做的就是尽量扩大谈判的可选择余地。此阶段，谈判者应从不同的角度来分析同一个问题，甚至可以就某些问题和合同条款达成不同的意向，如不能达成永久的协议，可以达成临时的协议；不能达成无条件的，可以达成有条件的协议等。

第三，找出双赢的解决方案。

双赢在绝大多数的谈判中都是应该存在的。创造性的解决方案可以满足双方利益的需求。这就要求谈判双方识别共同的利益所在。每个谈判者都应该牢记：每个谈判都有潜在的共同利益，共同利益就意味着商业机会，强调共同利益可以使谈判更顺利。另外，谈判者还应注意谈判双方兼容利益的存在，即不同的利益，但彼此的存在并不矛盾或冲突。

第四，替对方着想，让对方容易作出决策。

让对方容易作出决策的方法是：让对方觉得解决方案既合法又正当；让对方觉得解决方案对双方都公平；另外，对方的满意也是一个让对方作出决策的方法之一。

你要记住，千万别让谈判对方睡一觉起来觉得这小子占我太大便宜了，下一次找他算账。这样你虽然赢了利润，但是也输掉生意了，输掉了下一次的合作机会。这一套规则如果运用得好，相信你可以拿走最好的利润，相信你和别人可以合作得更加愉快。

当然，你在谈判的时候，不只是一位被动的听众。积极参与谈判活动会给你自己提供激发他人坦诚相待的机会。你不可能奇迹般地把一个恶棍变成圣徒，但是，让人们显露出最丑恶的一面，不需费多少工夫就能做到。如果你看上去闪烁其词，不愿直言，或者说一套做一套的，人们也就觉得没必要和你好好合作。同样，如果你抓住别人的弱点不放，他们就会更加提防你。促使别人真诚以待的关键是让他们明白为什么要这么做。

第六章

无敌谈判技巧

一、侵蚀技巧

一条蚕一次只能吃一小口桑叶，一口只能吃一片树叶的万分之一，但是，当我睡一个午觉起来，发现整片树叶已经被啃掉1/2了，我再睡一个觉起来，树叶已经全没有了，只剩下树枝了。这就是侵蚀的力量，也叫蚕食技巧，这种技巧在谈判中一样有效。

会用这个技巧的话，你的合同能变得比原来更好，都已经签约了，谈成了，你再用蚕食技巧，可以让合同变得比原来更好，因为，对方可能会答应原本不答应你的条件。

现在举一个例子。有一个高中女生，她跟她爸爸说：爸爸，放寒假，同学想去欧洲旅行，我也想去，只去5天就好了。寒假作业都可以写完，考试也可以得第一名，你答应我去5天吧，只有来回机票和住宿费让你出一下而已。去5天行不行呢？

她爸爸说：既然你这么想去，你成绩也不错，作业也写好了，好吧，我让你去。

过了两个星期，这个高中女生跑过来对爸爸说：爸爸，三天后我可能就要去欧洲旅行5天了，机票我已经订好了，但是去欧洲玩，我同学爸爸都给他们零用钱，我没有零用钱怎么去玩，我总不能在外面一分钱都不带吧，你给我8000元零用钱吧。

她爸爸说：需要零用钱也对，好吧。

再两天后，明天早上8点上飞机了，现在是下午3点，她对她爸爸说：爸爸，问题是大家去欧洲旅行，大家都有新的旅行箱，很漂亮，我这个已经破了，很难看，我想买一个新的，行不行呢？她爸爸一听，说：好吧，既然要去玩，就开心一点，换一个行李箱吧。

一个月之内，这个高中女生把谈判要求分成三次谈：第一次，她得到了欧洲旅行5天的机票；第二次，她要到了8000元的零用钱；第三次，她要到了一个新的行李箱。这就叫蚕食技巧，怎么吃掉一头大象？一口一口吃，这是脑筋急转弯。

现在我们假想：如果这个女生跟她爸爸说：爸爸，放寒假我要跟同学去欧洲玩5天，第一你给我出来回机票；第二，你给我8000元零用钱；第三，我要换一个新的行李箱。各位，她如果一下子跟她老爸提出这3个条件，她老爸可能会说去欧洲玩5天可以，我出来回机票，但是我不可以给8000元这么多，最多可以给3000元，省着点用，还有，行李箱用旧的，不可以买新的。你去不去随便你，去就答应我，我给你买机票，不去就算了。

她爸爸会砍价。

蚕食技巧运用了人的心理，一个人推一块石头上坡是很费力的，但是，推到山顶上以后，山顶上那块石头只要轻轻一推就前进了，再一推又前进了，对吧？比方说买主，买主的心里在还没有成交之前，要不要买总有一个思想斗争的过程，你要他买就不断推，很费力推上去，推上去之后，已经成交了，通常买主处于一种愉悦的状态、放松的状态，他感觉已经答应你了。既然连30万元的车都要买了，你这个时候就可以开始蚕食他了。你说：我忘记告诉你了，你要不要换真皮坐垫，才加8000元。这个答应换的可能性变大了。你还可以对他说：这个汽车脚垫才3000元，要不要我帮你一起装呢？他可能又答应你。你再问他，这个防爆隔热纸是1800元，我觉得你也应该装一下才对，他一听，会说那就装吧。

后面这三件事情是蚕食，前面不要一次性提完，在他答应了主要条件之后，再去一点一点吃。卖方可以蚕食买方，有时候买方也可以蚕食卖方的。

经过了一番谈判之后，好不容易你答应要买了，所以对方会想，说服你买真不容易，要拿你这个顾客可真是困难。所以，这个时候你突然提出，还有，你还必须要送我来回的运费。主要协议都谈完，接近成交之后，或者已经成交之后，你突然来一句来回运费得出。卖方通常会有什么心理？好不容易谈成了，他可不想因为这一点拒绝你，又重新谈一遍，所以很容易答应你。他想万一不答应你的话，煮熟的鸭子飞了怎么办呢？所以他的心理从很难成交的变成很容易成交了，他不想再回到争执协商、讨价还价阶段了，他会很轻易地答应你种种小要求。这就叫做让合约变得比原来更好。这叫做让他答应本来他不可能答应的条件。在合约之前跟他要求，他可能说不可能，免费送货做不到的。但是谈成之后是有可能的，他可能很容易说：好吧，送货就送货。

买方可以蚕食卖方，卖方也可以蚕食买方，要求一点优惠，在成交之后再努力一次，要求他多买一些。在成交之后多努力一次，这是谈判中一个很重要的、让利益最大化的原则和技巧。

二、上级技巧

很多人在谈判的时候，常常喜欢跟他的上级说，你要给我决定权，我要是没有决定权，我怎么谈判呢？你给我多一点的权力，不给多一点权力，如何谈判呢？老板，你要给我多一点的条件，多一点的让步空间，要不然没有权力做主，谈不成。

还有人说，我要是没有决定权，对方不会跟我谈。这也是错误的。在谈判中，你最好不要被授权。在谈判中你被授权得越多，你越处于劣势，有决定权的人反而容易谈判失败。你就算有决定权也不要让对方知道，你要是让对方知道你有决定权，你就处于劣势，因为在双方讨价还价、要求你让步的时候，你要是有决定权，他只要逼你让步就可以了。你不让步，他就把局势弄僵；你不让步，他说你这个人太小气；你不让步，他怪你这个人太无情。

在对方要求改变提案，要求你让步的时候，你要说：这个我要请示上级。这就叫做上级技巧。

当你说请示上级的时候，对你是有利的：你有时间回去商讨对策，你有缓冲时间思考是否答应，你有充足的机会想一个应对的方法，你回来可以对他说，我上级不答应。

你回来可以对他说上级要求你怎样，你可以说：很抱歉，我也做不了主，还不如你让步吧，我上级不让步。你有决定权就丧失很多筹码，如果你没有决定权，你可以拒绝让步。

就算你是上级，你也要说，我虽然是董事长，但我需要请示股东，虽然我是老板，但是需要问部门经理。你的上级不一定是上级，可能是下级。

上级是谁？不要说是董事长，不要说是总经理，不要说是销售部主管，不要说是采购部主任，不要说是财务经理，不要说是老爸老妈，你要把上级模糊化。你可以说个人很认可，但是没有决定权，我要请示上级。他问你上级是谁，你说上级是股东大会，上级是董事会，上级是决策委员会，上级是我们员工组成的一个经营发展委员会。

让他找不到上级，要不然他找你上级，逼你上级就可以了，不跟你谈。把上级模糊化，他就必须跟你谈，要不然你对他说，上级是我们董事会，他说董事会有谁，他可以找，你可以说董事会人太多，有一些在美国，有一些在欧洲，有一个在加拿大，他不可以全部找。

三、语言技巧

有的人很有文采，语言生动、活泼、有趣，他们时而感情激昂，时而热血沸腾，时而嬉笑怒骂，时而又如春风拂面一样温柔，充满诗情画意。而有人说话啰啰嗦嗦，语言枯燥无味，使人烦躁。本来寥寥数语就可以表达清楚的，他们却要用长篇大论，说出来的话文绉绉、酸溜溜的。总之，说的都是陈词滥调。令人遗憾的是，大多数人在商务谈判中，语言沉闷，没有亮色，也没有生气。

有些人说话很有鼓动性，说服力强；而有些人说话像催眠曲，使人昏昏欲睡；有些人说话让你过耳不忘；有些人说话就像过眼烟云，了无踪迹；有些人说话，让你忘却了时间；而有些人说话，让你如坐针毡。

如果想提高谈判能力，就要不断提升自己的语言表达技巧，亚里士多德称之为语言的艺术。

有一位教徒问神甫："我可以在祈祷时抽烟吗？"他的请求遭到神甫的严厉斥责。而另一位教徒又去问神甫："我可以在吸烟时祈祷吗？"后一个教徒的请求却得到允许，悠闲地抽起了烟。这两个教徒发问的目的和内容完全相同，只是谈判语言表达方式不同，但得到的结果却相反。由此看来，表达技巧高明才能赢得期望的谈判效果。

谈判的语言技巧在营销谈判中运用得好可带来营业额的高增长。某商场休息室里经营咖啡和牛奶，刚开始服务员总是问顾客："先生，喝咖啡吗？"或者是："先生，喝牛奶吗？"其销售额平平。后来，老板要求服务员换一种问法："先生，喝咖啡还是牛奶？"结果其销售额大增。原因在于，第一种问法，容易得到否定回答，而后一种是选择式问法，大多数情况下，顾客会选一种。

你想到一家公司担任某一职务，你希望年薪2万元，而老板最多只能给你1.5万元。老板如果说“要不要随便你”这句话，就有攻击的意味，你可能扭头就走。而老板不那样说，而是这样跟你说：“给你的薪水，那是非常合理的。不管怎么说，在这个等级里，我只能付给你1万元到1.5万元，你想要多少？”很明显，你会说“1.5万元”，而老板又好像不同意地说：“1.3万元如何？”

你继续坚持1.5万元，其结果是老板投降。表面上，你好像占了上风，沾沾自喜，实际上，老板运用了选择式提问技巧，你自己却放弃了争取2万元年薪的机会。

当你作为顾客与店主进行谈判时，你有没有运用语言技巧呢？我们不妨先看一则笑话。有一次，一个贵妇人打扮的女人牵着一条狗登上公共汽车，她问售票员：“我可以给狗买一张票，让它也和人一样坐个座位吗？”售票员说：“可以，不过它也必须像人一样，把双脚放在地上。”售票员没有否定答复，而是提出一个附加条件——像人一样，把双脚放在地上，限制对方，从而制服了对方。

四、表情技巧

这里所说的表情技巧，实际上就是我的老师传授给我的“大惊失色法”，又称之为“大吃一惊法”。什么叫“大惊失色法”呢？

我曾经到一个度假胜地游玩，一位画家拉住我说：“先生，先生，我帮你画一幅人像素描吧。”他画得非常好，我问他多少钱，他说半小时之内画好，只要15元。我听到15元之后，没反应，就在看他的画画得怎样。

他继续对我说，如果上颜色的话要另外加5元。我听到另外加5元也没有反应，我继续看他画其他人画得怎么样。

他马上又对我说，如果加画筒的话再加5元。这个时候我跟他谈价非常不容易，因为他已经观察出我的反应了，正确的方法应该是什么呢？

有一次，我又到另外一个度假胜地，当时又有一个画家拉住我说要帮我画素描。因为我已经学过“大惊失色法”了，所以他当时想帮我画画，我问他多少钱，他说先生半小时帮你画好，15元。我一听15元就说：“吓死人了，15元，太贵了吧。”

“上色本来加5元的，我免费帮你上色。”

“什么，你开玩笑吧？就这样画一幅画，上一个颜色要15元吗？”

他说：“先生你别急，本来加一个画筒，帮你包装好，要再加5元的，现在画筒也免费帮你加了。”

“太不可思议了，要加5元，才给画筒吗？我不干。”

他说是送的，我还是说不干，他说一共才15元，全部都有了。我说不行。

他说：“先生，要不然这样，10元帮你画，加上颜色，还加画筒怎么样？”

我说：“开玩笑，你想吓死我吗？10元？”我马上准备离开。

他又说：“先生这样吧，5元帮你搞定。”

“5元？我想想。”

他说：“先生，拜托你吧，我们这个没有什么钱赚的，零头小利的。”我就让他画了。

看出来了吗？这就是“大惊失色法”，当对方开完价之后，他正在看你的脸色，观察你的反应。如果你没有任何反应，他会认为，你在给他机会；他会认为，你在默许这个价格；他会认为，你心中是可以接受这个条件的。

所以，利用“大惊失色法”很愚蠢，很好笑是吧？但是很有效，不信你等一下买东西的时候试试看就知道了。如果电话里对方给你开条件，你一样可以用声音“大惊失色”。

五、倾听与提问的技巧

与对方交谈，首先就应善于倾听。尼尔伦伯格明确指出，倾听是发现对方需要的重要手段。而恰当的提问，有助于倾听。

在人际交往中，善于倾听的人往往给人留下有礼貌、尊重人、关心人、容易相处和理解人的良好印象，倾听也是实现准确表达的重要基础和前提。一些谈判者，往往利用倾听，首先树立起自己愿意成为对方朋友的形象，以获得对方的尊重和信任，当对方把你当成了他的朋友，就为达到说服、劝解等目的奠定了基础。

倾听是指听话者以积极的态度，认真、专注地悉心听取讲话者的陈述，观察讲话者的表达方式及行为举止，及时而恰当地进行信息反馈，对讲话者作出反应，以促使讲话者进一步全面、清晰、准确地阐述，并从中获得有益信息的一种行为过程。

倾听的基本要求是：

1. 专注。谈判者在会谈中，必须时刻保持清醒和精神集中，一般人听话与思索的速度大约比讲话快 4 倍，所以听别人讲话思想非常容易开小差；同时，有关研究资料显示，正常的人最多只能记住他当场听到的东西的60%～70%，倘不专心，记住的就更少。因此，倾听别人讲话一定要全神贯注，努力排除环境及自身因素的干扰。

2. **注意对方说话方式**。对方的措辞、表达方式、语气、语调，都传递了某种信息，认真予以注意，可以发现对方一言一语的真实意思，真正理解对方传递的全部信息。

3. **观察对方表情**。察言观色，是判断说话者态度及意图的辅助方法。

谈判场合的倾听，是“耳到、眼到、心到、脑到”四种综合效应。“听”不仅要运用耳朵去听，而且运用眼睛观察，运用自己的心去为对方的话语作设身处地的构想，并用自己的脑子去研究判断对方话语背后的动机。

4. **通过某些恰当的方式**。如目光的注视、关切同情的面部表情、点头称许、前倾的身姿及发出一些表示注意的声音，促使讲话者继续讲下去。

5. **学会忍耐**。对于难以理解的话，不能避而不听，尤其是当对方说出自己不愿意听，甚至触怒自己的话时，只要对方没有说完，都应倾听下去，不可打断其讲话，甚至离席或反击，以免上“钩”、失礼。对于不能马上回答的问题，应努力弄清其意图，不要匆忙表达，应寻求其他办法解决。

除倾听之外，提问对于了解对方，获取信息，促进交流也有很重要的意义。一个掌握了提问的礼仪要求、善于提问的人，不但能掌握交谈的进程，控制谈判的方向，而且能开启对方的心扉，拨动对方的心弦。

提问的要求主要为：

1. 把握提问的时机。

提问的时机包括以下几方面的要求：

一是当对方正在阐述问题时不要提问，“打岔”是不尊重对方的表现。

二是在非辩论性场合应以客观的、不带偏见的、不具任何限制的、不加暗示、不表明任何立场的陈述性语言提问。有些领导在开会一开始就讲："关于这个问题我们的立场是……请问大家有什么意见？""这项计划基本上不再作什么更改了，诸位还有什么建议？"等等。这种过早带有限制的提问，往往给人以虚假的感觉，人们会认为既然领导已经决定了，自己表态还有什么意义呢。

三是在辩论性场合要先用试探性的提问证实对方的意图，然后再采用直接性提问方式，否则提问很可能是不合时宜的或遭致对方拒绝。如谈判者可以说："我不知自己是否完全理解了您的意思。我听您说……您是这个意思吗？"如果对方肯定或否定，谈判者才可以说："如果是这样，那么您为什么不同意这个条件呢？"等等。

四是有关重要问题要事先准备好（包括提问的条件、措辞、由谁提问等），并设想对方的几种答案，针对这些答案设计好对策。

五是对新话题的提问不应在对方对某一个问题谈兴正浓时提出，应诱导其逐渐转向。

2. 要因人设问。

提问应与对方的年龄、职业、社会角色、性格、气质、受教育程度、专业知识深度、知识广度、生活经历等相适应，对象的特点决定了我们提问是否应当率直、简洁、含蓄、委婉、认真、诙谐、幽默、周密、随意等等。

3. 分清提问的场合。

是公开谈判还是秘密谈判，是个人间谈判还是组织间谈判，是"场内"桌面上谈判还是"场外"私下谈判，是质询还是演讲等等，都要求提问者注意环境、场合的影响。

4. 讲究提问的技巧。

提问要简明扼要。提问太长、太多有碍于对方的信息接收和思考。当问题较多时，每次至多问两个问题，待搞清楚或对方表示回答完后，再接着往下问，这样的节奏显得有礼。

此外，对敏感问题的提问要委婉。由于谈判的需要，有时需要问一些对方敏感的、在公众场合下通常忌讳的问题，最好是在提问之前略加说明要问敏感问题的理由，这是人们避免引起尴尬的技巧。如有的女士对年龄很敏感，则可以说："为了填写这份表格，可以问问您的年龄吗？"

提问后允许对方有思考的时间，不要随意搅扰对方的思路。

六、扮演不情愿的角色

什么叫做扮演不情愿的角色呢？

大家想象一个场景：有一天，你在二手车行，准备开进车行为你的车子估价。你说气死了，这个车老出故障，还耗油。如果可以把它卖掉，随便卖一个价格的话，你就马上可以出手。这个时候你还没有开进去，在附近打电话：我卖的车内部很多毛病，但是看起来是蛮新的。因为你刚刚洗完车。

刚好这时有一对夫妇走过来，老婆说：老公，这就是我们心目中想要的车子。这个新车很贵的，现在这个人想拿到二手车店卖，我们干脆跟他谈一下，看他卖多少，直接跟他买。于是老公就说好吧。就跟你谈价格。这个时候，你讲电话讲到一半，突然听到有人过来买你的车，把电话放下。你当然不要走进二手车行，要上车假装要走。他们两个会叫住你：先生，你的车是不是要卖呢？你马上说：什么？卖车，这可是我的心爱的宝贝，我怎么可能要卖它呢？我当初花不少的保养费、美容费，我很难买到这个车的，在中国可能停产，没有销售了，这是进口过来的，是我的心肝宝贝，虽然已经旧了，但我保养得不错。我打算等女儿大学毕业，送给我女儿当大学毕业礼物的。你想要买？我一般不卖的，不过我这个人也是讲道理的，看到你们小两口这么喜欢，没关系，你给我出一个价，如果价格适合的话，我可以考虑一下的。

这两夫妇如果本来心里的底价是50万元，想开价30万元，现在他们可能直接放弃一般的开价，直接开40万元。有没有可能？当然有可能，因为你的反应降低了他们的期望值。你扮演了不情愿的卖方。

接下来是小心不情愿的买方。

你是否有过这样的经历：有一天你走进一个商店，看到琳琅满目的货品，就请店员尽量介绍她的产品。她说这款是欧洲进口、这款是美国进口、这款是日本进口，服务如何、包装如何、质量如何，她介绍得越多越好。她已经花了很多时间介绍了，你表现得很感兴趣，但是没有承诺要买，请她再介绍多几款，虽然你已经决定买哪一款，价格也看好了。这个时候，你对这个正在进行介绍的售货员说，谢谢，你非常热情，表现得非常好，但是这个价格我需要再考虑。然后你调头就离开这个店，你往回走，你会看到这个售货员心情沉重的样子，百般不情愿地把货收进去，她也很无奈地叹了一口气，因为她刚刚花了这么多时间，充满期望地介绍货品，现在因为价格问题谈不成往外走，走到门口的时候，一脚踏出门口，另一只脚还没有踏出的时候，要回头来一句，我称之为“魔咒”：小姐，看你这么热情介绍产品，我真的不忍心就这样走出去，虽然我喜欢这个产品，价格我的确不满意，不过，你再重新对我说一个价，看看你们最低价，如果价格合理的话，我可以考虑考虑。

你把这一段话说出来之后，如果对方不太会谈判，她可能迅速地会放弃一半的议价空间，当然这个时候她会先说先生你回来，或者小姐你回来。她会重新开价，你会相信是底价吗？当然不是底价，但是这个方法会降低对方的期望值，会谈判的人会说：先生回来吧，这样的价格基本上没有什么弹性，不过，你告诉我，你最高可以出多少，我问老板是否可以答应，如果老板答应的话我马上回来告诉你，好不好呢？因为这个售货员比较会谈判，她马上会倒过来让你出价，你会在实际体验中发现，这个懂谈判规则的人会反制你各种招数。当然你也可以学会反制招数，再反制回去。

小心不情愿的买方和扮演不情愿的卖方，用这个方法先发制人，可以套出对方的议价范围，用这个方法至少会降低对方的期望值，让对方让掉很大的议价空间。

七、透露信息的艺术

常常有人在谈判中一点信息都不给别人，好不好呢？也不一定好，为什么？因为你总不能在谈判中一言不发，永远保持沉默，别人丝毫感觉不到你的诚意和信任感，别人问什么你都不讲。讲真的好不好？可能也不好，为什么呢？因为什么都讲真话，如果想胜利就不容易了。如果全部讲假的话好不好？可以讲假的，因为谈判中虚虚实实，兵不厌诈。问题是全讲假的好不好呢？也不好，万一谎言不攻自破，没有台阶下，那怎么办？所以真假参半。那么如何给别人信息呢？

不能全真，也不可以全假，如何给别人情报？给情报的时候，不可能全真，也不可能全假，要真假参半，虚虚实实，谈判中有一种技巧叫做虚虚实实，这就是给情报的技术——虚张声势。举例说什么叫做虚张声势吧。例如对小孩说不要出去玩，要是出去，老爸就把你的腿给打断。你们觉得给这种信息是真还是假的？当然是假的，你总不会真的把小孩腿打断了。有些事情你真的不会去做，但是你讲出来，可以产生效果，可以讲。对方听了这些信息之后，会作出某些妥协和让步。

这种给信息的方法，我们都称为虚张声势。有时候不可以讲得全假，讲太多假的就没有退路了。对方问你有没有存货，想便宜点。你说没有了，货都不够了。这样讲是想抬价，不是降价。你说没有货是一种假象，是为了让别人出更高的价格，但是万一你讲太多这样的话，有一天，自销卖不掉，拿出来降价，这样谎言就不攻自破了。有时候可以说货没有，有时候说货到了，要看情况而定。

假设今天车子坏了，拿去修车厂修，修了一遍之后开走，之后又发生故障了，发现电瓶有漏洞了。你说一定是修车厂没有帮你检查好，没有修好，还支付他那么多检查费，于是把车开回去，想去算账。

修车厂一看刚刚修好的车又回来了，有点紧张，他说帮你检查一下，结果检查一下发现，电瓶的确出了问题，但是他不确定是刚刚没有帮你修到，没有检查到，还是你自己弄坏的。这个时候就需要开始谈判了，他到处检查到处看，这个是为了显示他不知道哪里坏，也不知道哪里出问题了。他东检查，西检查的动作是在虚张声势，结果检查很长时间跑过来，对你说不知道哪里有问题，还说厂家不好，经常有这些问题，不知道哪里出问题，常常修好还拿回来。你会帮着他骂厂家，站在对方的立场，缓和对方的情绪。骂了之后，老经验的师傅过来打圆场说是出了问题，这个厂家就是这样，电瓶都修好还有问题，这样吧，拖车回来的费用我们帮你出，检查费不用你出，我们先收，现在我们把手上的工作停下来先修车，不收工费。但是材料费需要你出，这个时候你可能一看对方让步，你就想让步了。

修车厂的所作所为就是虚张声势，虚张什么声势呢？他帮着你骂车厂不好，常常出各种故障，常常修好又回来，这就是一种虚张声势，在他不知道这个电瓶是不是他应该负责任的时候，他先摆脱这样的责任，先表示这个很麻烦之后，降低了他要负的责任，而免费维修的意图，是为了减弱你想要车厂免费换电瓶的想法，降低你的期待；他说手上有很多工作，先放下来维修，这就是虚张声势，也许他们手上没有其他工作；他说手上有很多工作，可以先免费维修，这就是一种虚张声势，然后告诉你说，不是免费给你修的，给你免费修可以，不是义务帮你修的，义务帮你修也可以，但是材料你需要出，这就是保护自己，因为他是内行，你是外行，在信息上他有优势，你不懂你就处于劣势。

虚张声势在谈判中常常用到。

第一，虚张意图。你可以看到对手假装有种要惩罚你的意图，假装要有一种制裁你的意图。他是虚张意图，他并不是想要这样做，例如他说要断货了，事实上并不是要断货了；他说要涨价，扣保证金，事实上他并不是想这样做。可能这个意图是虚张的。

第二，虚张能力。他没有这个能力，比方说他月底到货，他说有能力找到别家代理，要是不听我的话，找别家代理，事实上他找不到，这就是虚张他的能力。有时候是虚张能力，虚张意图是假的。

或者在资源上的虚张，他告诉你他有很多人脉关系，有很多项目等他，有很多政府关系，他在资源上想壮大自己，事实上未必是真的。

第三，在依赖上虚张。他不断灌输你有多依赖他，你没有他不行。有没有听过很多人这样告诉你，没有我你绝对干不下去，没有我支持你干不下去，没有关系你干不下去。

或者在制裁上虚张，他强化对你的制裁，他放大对你的制裁，他告诉你要这样恐吓你，也许未必是真的。

这些都是你有可能给别人，别人也有可能给你的，你要知道对方知道你多少，需要你辨别真伪。

他了解你多少信息，这叫知彼知己。你还要知道对方不知道你多少，这就是你可以虚张的部分，你才可以成功给他假情报。知道对方多少，知道对方不知道多少。不可以只知道对方一些基本情报，还需要知道对方知道你多少，不知道你多少，还需要知道对方知道你知道他多少。你研究别人知不知道你的信息，他也会研究你知不知道他的信息。你如果对他表现得一无所知，事实上你知道很多，想套他话的，你如果不知道对方什么东西，但你假装很懂，对方知不知道你的心理呢？这些都是要你去收集调查和判断的信息。

我们宁可选择沉默，也不要过多说谎，但是我们要预防别人对我们说谎。

八、避免对抗性谈判

在谈判桌上，双赢谈判对双方来说，都是一次合作的机会。谈判目的在于解决双方的分歧，加强彼此的关系，相互承认对方的正当利益，就如同承认自己的利益一样，尽可能地扩大双方的利益，把蛋糕做大，使双方都满意。

然而如果是有赢有输的谈判，双方相互拆台，互相竞争，将谈判看成是一次游戏，利益固定的游戏，赢家便可获得较大的收益，输家获益很少。相互不承认对方的正当利益，甚至想让对方牺牲一定利益，己方获取最大的利益。这样，对他们来说，谈判是一次比赛，充斥着分裂和强权。

谈判中出现分歧是很正常的，互有分歧的双方要达成协议并非易事。古希腊的辩证教育分为三个步骤：提前假设，听取反证，得出彼此都能接受的“真理”。在澳大利亚，法律体系、国会甚至工资评定都是按这种模式建立的。这种体系更多的是冲突，而不是用和解的方式寻求最佳结果。可问题是，大部分人在谈判时，应对的是同样的游戏规则，就是下定决心要赢或是击败对方，一般都没有考虑自己的行为，一旦知道对方的真实想法后，便瞠目结舌了。按这种方式，即使达成了协议，协议也不会持续很久，因为失败的一方认为自己亏了，心里很不舒服，便想方设法用另外的方式向对方索取损失。如果是商务，双方的关系会破裂；如果是婚姻，出现不和谐之音，便为以后离婚埋下了伏笔；若是政治，便种下了战争的祸根。

很多成功的谈判往往来自对双方关系的投资。俗话说“低头不见抬头见”，现在的谈判对手或许就是未来的谈判伙伴。实际上，几乎在所有的卓有成效的谈判中，谈判取得成功后，双方都会保持着良好的关系，如大多数的商务谈判或个人谈判，这种谈判不像买房或汽车那样，只有一次。良好的愿望是做成生意的基础，因此，彼此应该建立信任关系。可是在一方表现强权或是想支配另一方时，彼此就不会信任了。只有达成双方都满意的共识，才会出现双赢的局面。

因此，对于谈判来说，双方自始至终都保持良好的关系非常重要，你在谈判刚开始时的表现往往可以为整个谈判奠定基调。从你的言谈当中，对方很快就可以看出你是否有意向达成一个双赢的解决方案，或者还是要尽全力为自己一方争取到最大的利益。律师在谈判时往往就具有这个特点：他们通常都是一些非常喜欢对抗的谈判者。当你收到一个白信封，发现信封的左上角有几个突显的黑字，这时你不禁会想：“律师函，哦，不，这次又出了什么问题啊？”打开信封，你会看到什么？你会看到威胁的字眼。他们会告诉你——如果你不答应他们的要求，他们就会怎么怎么对付你。

律师通常是对抗型谈判者。

记得有一次，我举办了一场谈判培训课，有50名律师参加，他们负责的领域是医疗事故诉讼。在我的印象当中，虽然律师的主要工作就是谈判，但几乎没有一位律师喜欢参加谈判培训课程——这50名律师也不例外。

他们所在的事务所明确地告诉这些律师，希望他们能够参加这次培训，并且告诉他们，如果不参加培训，他们将很难再接到案子。律师们只好让步，可在内心深处，他们并不喜欢把时间浪费在培训上。可培训开始后，他们就立刻变得兴趣十足，十分投入。我让他们假设，一位女士因为一起医疗事故把一名外科医生告上法庭，然后让大家就这起案子展开讨论。我简直不敢相信接下来发生的事情：这些律师个个咄咄逼人，他们一开始就威胁对方，然后步步升级，最后甚至破口大骂，以至于我不得不终止这项练习，并告诉他们，如果真想以较低的成本结束这起案子，他们在谈判的开始阶段就不应该如此咄咄逼人。

在谈判刚开始时，说话一定要十分小心。即使你完全不同意对方的说法，也千万不要立刻反驳。反驳在通常情况下只会强化对方的立场。所以你最好先表示同意，然后再慢慢地使用“感知、感受、发现”的方式来表达自己的意见。

刚开始时，你不妨告诉对方：“我完全理解你的感受。很多人都有和你相同的感觉。”这样你就可以成功地淡化对方的竞争心态。你完全同意对方的观点，并不要立刻进行反驳。最后你可以这样说：“但你知道吗？在仔细研究这个问题之后，我们发现……”下面让我举几个具体的例子。

比如说你在推销某种产品，客户说：“你的价格太高了。”这时如果你和对方进行争辩，他就会拿出个人的亲身经历证明你是错的，他是对的。可如果你这样告诉对方：“我完全理解你的感受。很多人在第一次听到这个价格时也是这么想的。可仔细分析一下我们的产品和价格，他们总是会发现，就当前的市场情况来说，我们的性价比是最为合理的。”

再比如你在申请一份工作，人力资源主管告诉你：“我感觉你在这个行业并没有太多经验。”如果你反驳说：“我以前做过比这个更有挑战性的工作。”对方很可能会把你的话理解成“我是对的，你是错的”。这时对方就会被迫捍卫自己的立场。所以你不妨告诉对方：“我完全理解你的意思。还有许多人也是这么说的。可我一直以来做的工作和现在贵公司空缺职位之间有很多共同之处，这些共同之处可能并不是那么明显，所以我可以向你详细解释一下。”

或者你是一名推销员，买家告诉你：“我听说你们的物流部门出了点问题。”这时如果你立刻反驳，反而会让对方怀疑你的客观性。所以你不妨告诉对方：“是的，我也听说这件事情了。我想这个谣言几年前就已经开始流传了，当时我们公司的仓库正在迁址，所以的确出了一些问题，但现在就连通用汽车这样的大公司也开始与我们合作了，所以我们并没有什么问题。”

对方还可能会说：“我不相信那些近海国家的供应商，所以我想我们还是应该把这个工作机会留给本地人。”你越是争辩，对方就越会拼命捍卫自己的立场。所以你不妨告诉对方：“我完全理解你的顾虑，因为最近一段时间很多人都有同感。但你知道我们发现什么了吗？自从第一次在泰国完成组装之后，我们在美国本土的工作机会增加了42%，因为……”所以千万不要一开始就直接反驳对方，那样只会导致双方的对抗，一定要先表示同意，然后再想方设法扭转对方的看法。

英国的丘吉尔很早就明白这个谈判策略：先同意，再反驳。他是一个非常了不起的人，但同时也有一个很大的毛病——他喜欢喝酒。所以他总是和提倡禁酒的阿斯托夫人斗嘴。一天，阿斯托夫人走上前来，说道："温斯顿，你又喝醉了，真让人讨厌。"丘吉尔是一名谈判高手，他知道不应该立即反驳阿斯托夫人，于是他说："阿斯托夫人，你说的没错，我的确喝醉了，但到了早上，我就会醒过来，而你却一直会让人讨厌下去。"

在举行讲座时，我有时会让坐在前排的某位学员站起来。我伸出自己的手掌，面向那位学员，让他与我四掌相对，然后我会开始慢慢加大力量，对方自然而然地就会同时加大反抗的力量。当你向一个人发起攻击时，对方自然也会发起反击。同样，当你直接反驳你的谈判对手时，对方自然就会奋起捍卫自己的立场。

"感知、感受、发现"的美妙之处在于，它可以让你有更多时间用来思考。假设你正坐在一个酒吧里，一位女士告诉你："即使这个世界上只有你一个男人，我也不会让你请我喝一杯酒。"以前从来没有人对你说过这样的话，所以你感到十分震惊，你不知道该怎么回答。但如果你已经掌握了"感知、感受、发现"的方法，你就可以告诉对方："我知道你在想什么，许多人也都有同样的感受，可我发现……"到了这个时候，你通常就会想出该说些什么。同样，有时候你也会遇到一些非常倒霉的情况。比如说你是一名推销员，你拨通了一位客户的电话，希望能和对方约个时间好好谈一谈，可对方却说："我才不想和一个满嘴谎话的混蛋推销员浪费时间呢！"这时你可以平静地告诉对方："我非常清楚你的想法。许多人也都有和你一样的想法。可是……"这时你会发现自己恢复了镇定，也知道接下来该怎么做了。

九、一定要索取回报

记住，在谈判过程中，无论在什么情况下，只要你按照对方的要求作出一些让步，就一定要学会索取回报。我相信，只要你掌握了这一策略，第一次使用，它所带给你的回报就将数倍于本书的定价。从此以后，这一策略每年都会带给你不可抗拒的滚滚利润。

比如说你打算卖房子，买方问你，他们是否可以在交房之前3天就把家具搬进你的车库。虽然你并不希望对方在交房之前就搬进来，可你还是觉得可以让他们提前使用车库，这样会让他们对这所房子投入更多的情感，从而大大减少节外生枝的可能性。所以你几乎想迫不及待地答应他们的要求，但请记住：无论对方要求你作出的让步多么微不足道，也一定要请对方作出一些相应的让步。比如说你可以告诉他们："让我与家里人商量一下，看看他们有没有意见。但我想问一下，如果我们答应了你的要求，你会为我们做些什么？"

还可能你是一家铲车经销商，一家大型仓储式五金器具商店从你这里下了一笔大订单。他们要求你在开张之前15～30天内送货上门。可是没过多久，对方经理又给你打来电话："我们商店提前完工了，所以我们要把开业日期提前到劳动节那个周末。我想知道你们能否想办法在下个星期三就把铲车送来？"你可能在想："这太好了。那些铲车就在那里等着发货呢，最好能够尽快送过去。"可我还是想劝你一定要让对方作出回报。你可以告诉对方："坦白说，我也不知道我们能否提前送货。我必须和我的人员商量一下，看看他们怎么说。但我想先问一句，如果我们能够提前送货的话，你会为我们做些什么？"

接下来会发生什么呢？你很可能会得到你想要的。买你房子的那个人很可能会愿意增加预付金，可能会买下你全部的旧家具，甚至可能会送你一个狗窝。那家五金工具连锁店的老板可能会想："天哪，这下可麻烦了。我们怎样才能让他们提前把铲车送来呢？"所以他们决定作出一些让步。他们可能会说："我会让财务部今天给你开支票。"或者是："如果你能够提前送货的话，我们12月份在北京开张的那家分店也会从你那里定货。"

通过要求对方作出回报，你可以让你所作出的让步更有价值。既然是在谈判，为什么要免费让步呢？一定也要让对方作出同样的让步。你可能很需要这一点。这样当你与买房子的人交房时，如果他发现某个灯的开关出了问题，你就可以告诉他："你知道让你们把家具搬到车库里有多麻烦吗？既然我们答应让你这么做了，我希望你也不要太计较这点小毛病。"或者当你以后去五金工具商店时，你可以告诉对方："你还记得吗？去年8月，你想让我们提前把铲车送来，我们做到了。你知道我费了多大劲才说服那些家伙吗？既然我们帮了你这个忙，你们就别让我一等再等了，还是今天就签支票吧，好吗？"

该策略还可以成功地帮你避免不必要的纠纷。如果对方知道每次你作出让步都要付出相应的代价的话，他们就不会无休止地让你一再让步。我不止一次地遇到学员来到我面前向我诉苦，或者是给我的办公室打电话："杜老师，能帮我一个忙吗？我这里有一笔好生意，但他们总是要让我作出一些让步。我总是告诉他们，'好的，没问题'。可一个星期之后，他们又打电话来让我再让一小步，我告诉他们，'好的，我想没问题'。从那以后，同样的情形就接连不断。现在看起来，好像整笔都要泡汤了。"事实上，对于这位学员来说，对方第一次提出要求的时候，他就应该问对方："如果我帮你一下的话，你能为我们做些什么呢？"

我曾经为一家名列《财富》前50名的公司培训过50名顶级销售人员。他们都是来自该公司的关键客户部门，其中一名参加过我培训的销售人员不久前跟一家航空制造商做了一笔价值4300万元的生意。

一位副总裁，专门负责该公司关键客户部门。有一天，这位副总裁走上前来告诉我："杜老师，索取回报是我们迄今学到的最有价值的策略。我参加过许多培训班，本来以为自己已经无所不知了，可从来没有人告诉我一定要在让步之后索取回报。这种技巧一定能为我们节省上百万元。"

一定要按照我所说的方式使用这一技巧。哪怕只是改变一个字，效果可能都会截然不同。比方说，本来应该说："如果我们为你做了这个，你会为我们做些什么呢？"可是你说成，"如果我们为你做了这个，你也必须为我们……"这样一来，双方就会变成一种对抗关系。你在谈判过程中一个非常敏感的环节——当对方遇到麻烦，希望你能提供帮助时——制造了一种对抗情绪。千万不要这样做，你或许认为如果告诉对方你想要什么，那么你所得到的回报会更有价值，可是并非如此，你必须让对方提出建议，这样才能获得更多。

十、注意对方的肢体语言

摇头晃脑

日常生活中常见有人用摇头或点头以示自己对某事某物的看法，这种人特别自信，以至于唯我独尊。他们在社交场合很会表现自己，对事业一往无前的精神常受人赞叹。

边说边笑

这种人与你交谈时你会觉得非常轻松愉快。他们大都性格开朗，对生活要求从不苛刻，很注意“知足常乐”，富有人情味，感情专一，对友情、亲情特别珍惜，人缘较好，喜爱平静的生活。

掰手指节

这种人习惯于把自己的手指掰得咯嗒咯嗒地响。他们通常精力旺盛，非常健谈，喜欢钻牛角尖，对事业、工作环境比较挑剔。如果是他喜欢干的事，他会不计任何代价而踏实努力地去干。

腿脚抖动

这类人总是喜欢用脚或脚尖使整个腿部抖动。最明显的表现是自私，很少考虑别人，凡事从利己出发，对别人很吝啬，对自己却很知足。但是很善于思考，能经常提出一些意想不到的问题。

拍打头部

这个动作多数时候的意义是表示懊悔和自我谴责。这种人不太注重感情，而且对人苛刻，但对事业有一种开拓进取的精神。他们一般心直口快，为人真诚，富有同情心，愿意帮助他人，但守不住秘密。

摆弄饰物

有这种习惯的人多数是女性，而且一般都比较内向，不轻易使感情外露。她们的另一个特点是做事认真踏实，大凡有座谈会、晚会或舞会，人们都散了，但最后收拾打扫会场的总是她们。

耸肩摊手

习惯于这种动作的人，通常是摊开双手，耸耸肩膀，表示自己无所谓的样子。他们大都为人热情，而且诚恳，富有想象力，会创造生活，也会享受生活，他们追求的最大幸福是生活在和睦、舒畅的环境中。

抹嘴捏鼻

习惯于抹嘴捏鼻的人，大都喜欢捉弄别人，却又不敢“敢做敢当”，爱好哗众取宠。这种人最终是被人支配的人，别人要他做什么，他就可能做什么，购物时常拿不定主意。

十一、识破谈判谎言

谈判者不把他们考虑的事情全盘托出，这样做自有道理。保留部分信息、不全盘托出是出于自我防卫的考虑。如果卖方将他的底细露出，他将为此付出代价；而如果买方把他必须得到的东西泄露出去，他也可能会被敲竹杠。同样地，在谈判桌上，当有人假装无权作出决定，或者是信口许诺却无意兑现承诺，那么这种欺骗也会导致敌意的产生。

这也就是许多经理人在面临很多问题时喜欢选择进行面对面会谈的原因。他们认为，通过看对方的眼睛或是感觉握手的力度即能判断他的诚意和承诺。谈判者对一项要求作出让步，是因为他“眨了眼”而被对手乘虚而入（对手认为这是他心虚的表现）。而如果谈判方达成了一致，则是因为他们“彼此对视”的结果。

可是事实上，大多数经理人根本不像他们想象的那样善于识别他人是否在欺骗，不管这种欺骗是恶意的，还是仅仅出于自我防卫的考虑。有时，他们意识不到自己被玩弄于股掌；而有时，他们又会对完全讲真话的人乱加猜疑。

下面有一些方法可以为谈判者指点迷津，教他们一些区别谎言与真理的技巧：

第一，抓住细微表情。

地处旧金山的加利福尼亚大学医学院的教授保罗·埃克

曼(Paul Ekman)率先发起了一项他称之为“细微表情(micro-expressions)”的研究。一时的脸红或抽动，这些转瞬即逝、不经意流露出来的面部动作表情，只有在电影的定格画面中才能捕捉到，大多数未受过训练的观察者是无法注意到的。

事实证明，细微表情是可以捕捉到的，其窍门在于你要知道该注意哪些表情。人们往往根据一些错误的线索对他人作出草率的判断，这种判断失误的风险始终存在。比如，有关研究驳斥一种风行一时的观点，即目光游移不定就是欺骗的迹象。害羞、缺乏自信，以及文化习俗都可以解释人为什么会转移目光。在美国，目光接触表示关注和兴趣，而在非洲的一些地方，在日本和朝鲜，避免目光接触是一种尊重的表示。因此，根据一种表情来判断一个人有没有说真话，这样做是错误的。我们必须把每条线索、每种迹象放在一起来综合判断，才能得到比较可信的印象。

第二，问合适的问题。

在谈判中，如果问“这真的是你能提供的最好条件吗?”这样的问题，答案总是“是的”。没有人会回答说：“这个嘛，实际上，不是这么回事。我只是希望你会这么想。”更好的策略是给对方留有托辞的余地。如果有人对你说：“要么接受，要么拉倒。”那么，你姑且不要把这句话当真，你可以马上提出你的建议。最后通牒是否真的，要看下通牒的人是否愿意考虑其他的选择方案。最终还是要靠你来提出这些选择方案。

判断对手是否在欺骗，也可以看在谈判桌上没说的事是什么。有些人觉得道义上必须真实地回答对方直接向他们提出的所有问题，但又觉得没有必要主动提供信息。探讨所有问题的重任落在你的肩上。当你就分类广告上发现的二手车进行议价时，你或许会问卖主：“关于这辆车，还有什么需要告诉我的吗?”如果你发现这辆车有点问题，而卖主没向你提起过这个问题，那么，你就有理由怀疑卖主是否诚实。

第三，全面看待问题。

无论你多么了解一个人，你都不可能知晓他所有的想法和感情。考虑到在谈判中人们会运用策略以掩饰自己的真实意图，你更是难以识得他们的庐山真面目。

在谈判时，有必要对你的谈判对手作更进一步的判断。有些新发现会让你觉得愉快，而有些则不然。无论发生哪种情况，如果你能准确评估你的谈判对手私下在想什么，那会对你更为有利。

威廉·尤里在他的一本畅销书*Getting Past No*中建议参与谈判者“走上楼厅去纵览全局”。这是说在心理上你要能够同时身处两地：在中心舞台时，热情参与谈判，同时又能够脱出身来充当一个旁观者，在一旁观看整个谈判的进程。当你的对手在详述他的要求时，你也应该保持同样的态度。不要只关注谈判者所述内容，而且要注意看他是否显得坚持、有信心，是否在自我防卫，有没有显得恼火，或是兼而有之。接着，你就能够更好地作出判断，看看你的对手真正需要什么，想要什么。

第四，磨砺你的技艺。

谈判无法提供很好的反馈，来证明你的表现是优还是劣。当面临谈判的僵局时，你很难知道自己是否忽略了一些巧妙的解决办法，还是本来就不存在达成交易的可能性。而当你达成协议时，你常常不能确定自己所得到的利益是否公平。有关你判断他人是否真诚的能力，更难从谈判中得到真正的反馈。

当然，你在谈判的时候，不只是一位被动的听众，积极参与谈判活动会给你自己提供激发他人坦诚相待的机会。你不可能奇迹般地把一个恶棍变成圣徒，但是，让人们显露出最丑恶的一面，不需费多少功夫就能做到。如果你看上去闪烁其词，不愿直言，或者说一套做一套的，人们也就觉得没必要和你好好合作。同样，如果你抓住别人的弱点不放，他们就会更加提防你。促使别人真诚相待的关键是让他们明白为什么要这么做。

第七章

如何解决谈判中出现的问题

一、应对障碍

在谈判中有各种问题，第一种我称之为障碍。什么叫障碍？这里的障碍指的是主要意见造成的分歧，对交易造成的威胁。

主要意见不统一，一方说品质才是最重要的，所以必须要维持价格；一方说不行，价格就不可以出这么高，品质要好，而且还需要降低成本。

怎么办呢？就遇到障碍了，只要感觉遇到障碍，就可以用迂回法，先把分歧的意见摆一边，绕过小障碍，先谈小问题，小问题统一之后，就累积了谈判的动力。什么叫做累积谈判动力呢？因为小问题不断达成一致，双方都会感觉到离成交已经很接近了，于是最后再回来谈原来那个主要的分歧，这时候化解障碍会变得比较容易。

不会谈判的人，常常会说，这一点谈不拢，其他都不谈了，先把价格谈定，谈其他没有用；会谈判的人会绕过难谈的，先把简单的谈好，简单的谈好之后，双方都愿意在这个主要分歧上保持多一点的弹性。这是解决障碍的方法——迂回法。

二、应对焦灼

第二种叫做焦灼，就是双方依然保持对话，却毫无进展，双方依然保持对话，却找不到如何解答的方案。你在跟谈判对方不断来来回回，你一句我一句，虽然好像很善意，对谈判没有造成很大的威胁，看起来没有任何的僵局，但是障碍来来回回解决不掉。

这种情况就是进入了焦灼状态，应对焦灼有以下方法：

1. 改变谈判地点，午餐再谈，晚餐再谈，或者晚上放松再谈。

2. 改变时间，下个月再谈，下个礼拜再谈，明天再谈。

3. 先缓和紧张情绪，譬如说调节一下心情，看一下电视，看一下足球，听一个笑话，听一下音乐，缓和情绪上的紧张。

4. 调整财务上的安排。对方不方便说出来的问题就是钱的问题，你主动调整一下付款方式、价格、付款条件，也许对方心里正是因为不好讲这个，所以不讲出来造成你很多焦灼。对话却可以找到真正问题所在。

5. 讨论风险分摊的办法。也许考虑风险考虑得太多，怎么也作不了决定。你承担一下，你说这个条款真的做不到也没有关系，我们不会这么严格惩罚你，我们自己会承担一些损失，你看怎么样?

6. 改变谈判场所的气氛。旁边说不定有一个很讨厌的人，大家就因为那个人在而不愿意很善意地提出解决方案，让一步，也许把这个人换走，调一个新的人进来。

优秀的谈判对手不在乎被别人换掉，因为你陷入焦灼状态了，另外一个人来谈，也许对话就进展得更快了，这叫焦灼状态的解决方法。

三、应对僵局

第三种是比较严重的，叫做僵局。什么叫僵局呢？就是谈判无力、毫无进展、双方都觉得没有必要再谈下去了，已经不想谈了。

进入僵局了，僵在那里了，两家公司都已经不派人谈了，都不电话往来了，都不再针对这个问题谈话了，两夫妻不见面了，不讲话了，僵了，怎么办呢？

答案就是引进第三者。什么叫做引进第三者？甲方与乙方之间已经形成僵局了，所以怎么谈都不是最好的方法，这时需要一个中间人，中间人干什么呢？中间人没有决策权力，但是不偏袒任何一方，在甲方和乙方之间来回，在乙方面前说服乙方让步，出比较好的条件，他又说服甲方让步，出比较好的条件。因为他是客观的，所以更容易被双方认可，双方都选择比较好的条件。中间人虽然没有决策权，但是可以引导双方各退一步。

这种人有一个很重要的前提条件就是必须绝对保持中立，双方都承认他是第三者才有效。

还有第二种人叫做仲裁人，中间人是没有决定权，但仲裁人有决定权，甲方乙方陷入僵局，仲裁人甲方听一次，乙方听一次，说服甲方让步，说服乙方让步，最后他有决定权，必须谁听谁，所以双方更不敢提出不合理的要求，因为担心仲裁人倾向对方。

一家公司老板发现两个业务员抢业务抢得很凶，老板听完意见之后不是当第三者，而是仲裁人。所以，仲裁人必须有权力，双方都相信他不会偏袒任何一方，而且说话有权威，才适合当仲裁人。

仲裁人来回于双方之间，选择最好的方案，最后作出决定。仲裁人的权力比较高，中间人是双方的说客，没有权力做主。

当你和对方进入僵局的时候，找一个中间人或者仲裁人，否则双方都下不了台阶。谈判技巧可以解决各种问题，你利用僵局引起谈判，但是最终目的是要解决僵局，所以成熟的谈判高手不会因为怕请中间人出来谈，就自己觉得没有面子，觉得好像是低头了。

其实，引进中间人，比你自己僵在那里效果好多了，因为对方也知道中间人是给双方一个台阶下来，如果你找对方，担心对方觉得你让步了，就派第三者去。

四、应对争执

第四种是争执。什么叫做争执呢？吵起来了，闹起来了，事情已经进入了非常僵化的阶段，双方情绪很大了。

譬如说，有一个抢匪挟持人质，用枪顶着他的头，作为警察的你听到抢匪很愤怒地说：不准走近，谁走近就毙了他。他非常愤怒，你是警察，你怎么跟他谈判？

很多人会说，把枪放下，这是错的；很多人会说，你犯法了，你必须接受制裁，这也是错的。你不可以激怒对方，让事情更严重，你不可以说服对方做出对他不利、对你有利的事情。

你要保持冷静，第一步要查明要求。你要问他：请告诉我你要什么。我可以把枪放下，但是你要告诉我你要什么。一定要查清楚对方要什么，也许对方只是让你保证不会伤害他的家人，也许对方只是要你保证他出庭的时候会被保护，也许对方只是要你保证去警察局不要殴打他，也许对方的要求你可以很轻易满足，你可以马上答应，这样就可以解救人质了。

不能马上答应怎么办？第二步就是查明状况，他为什么有这样的要求呢？是什么情况？屋子里还有多少人？种种信息查清楚之后，第三步就是需求妥协，这时候才可以跟他谈判，要他让一步行不行？不答应他的要求行不行呢？你答应放下枪，我就答应跟法官求情行不行呢？你要直升机逃走办不到，但是可以让你免除死刑好不好呢？

设想一下：在颁奖大会上，你奖励加盟商旗下的最佳业务员、最佳销售冠军、最佳营销高手。等你颁奖完毕，看到有一个人脸色很难看，不愉快，这是其中一个加盟店的副总，吃完晚饭要走了，走之前副总拉住你说：董事长。你问什么事，他说：告诉你，你太过分了，你实在是不要脸的家伙。我告诉你，我不跟你合作了。你是董事长怎么办？这不叫解决障碍，这不叫解决焦灼，这不叫解决僵局，这叫做解决争执。你应该问他：副总，你希望我做什么？副总，你要的是什么，可以对我说吗？你可以直接这样问。对方这样盛气凌人、怒发冲冠跑过来跟你争执，就表示他有要求没有达到。

你问他：你希望我做什么？他说：我的业务员已经得到销售冠军了，为什么他没有被颁奖？这样叫我回去如何对我的业务员交代？你给这么多人颁奖，你必须给他颁奖。

现在看到这个副总这么生气，董事长应该怎么说？

你的业务员为什么没有被颁奖呢？名单中没有他，他既然不在名单中，我怎么给他颁奖呢？原来报业绩太晚了，下次别报这么晚，我们财务部说你每次都报业绩报得很晚，没有机会领奖了，等下我给他颁奖，但下次报业绩必须提前一天，是否可以呢？这就是需求妥协，他得到他想要的，你也得到你想要的。

按照步骤来解决争执：查明要求，查明状况，需求妥协。

如果你在办公室的饮水机旁倒水，突然有一个同事跑过来说：你这个王八蛋，你给我算账。第一步查明要求，不是问他：你莫名其妙，神经病吗？不是问他：为什么跟我吵架？我又没有惹你。不是问他：你凭什么这样对我说话？不是告诉他：不要吵，这是办公室。这些都不是，你要问：你需要什么，你告诉我。对方可能会说：你上周借我的200元怎么没有还，你上周跟我借订书机怎么没有还。原来是这个问题，放心，马上还。如果能办到，你答应他马上办到就可以了。解决问题了，就不需要跟他吵了，化解争执。如果不可以还，查明状况。没有借的话，是他搞错了，那是秘书借的。那就需要妥协：现在不要吵，让秘书还给你，要不然就买一个新的给你。这样就解决问题了。

第八章

如何解决谈判中资源分配不均

我曾经给我的学员出了一道思考题：有一个公司要组织大家出去游玩三天，一批想去山边，另一批想去海边。这个活动的目的就是想大家交流感情，所以不能让一批人去山边，一批人去海边，这样交流不了感情。所以到底去山边还是海边好，必须作一个决定，让大家一起去。

也不能用投票表决，为什么呢？因为如果投票表决就把公司分成两派，这一次办活动的目的就是凝聚大家的感情，所以绝对不可以用投票表决。如何解决这样的事情呢？这是一个典型的资源分配不平均的问题。

经过了一晚上的游戏，我们总结了5种方法解决这些问题。这5种方法通过游戏提炼出来，现在可以解决你事业中、商业中，任何资源分配不平均的问题。

一、增长资源法

这种方法叫做增长资源法。什么叫做增长资源法呢？可以要求老板把以后的假换到这一次来，把3天变6天，6天就把这次游玩时间增加，6天的话，3天去山边，3天去海边，这样就解决问题了。各位，双方合作不要去想怎么分“饼”，应该去想怎么创造更大的“饼”，先不要想怎么分资源，应该先想怎么创造更大的资源。

二、交集法

第二个方法，叫交集法。什么叫做交集法呢？一部分要去山边，一部分要去海边，我们必须找出他们的交集点。用什么方法可以交集呢？假设我们问去海边的人，你们为什么想去海边呢？结果发现，原来是想吃海鲜。我们是否可以说，你们想吃的是鱼和虾吗？为什么去海边呢？是想玩水，我们是否可以说，只要有水的地方都是蛮好玩的，想玩水可以啊。好了，我们再问一下去山边的人为什么想去山边，原来想去享受森林浴，想吃山中的特产，现在终于找到他们的交集处了，就是湖边，为什么？湖边可以吃到鱼和虾，同时有水可以玩，同时可以享受森林浴，也是在森林里面，也有山在旁边，同时也可以吃山中的特产，这就解决了。不去海边，不去山边，去湖边，这是交集法。

两方意见不统一的人如何协商成功？就找出共同点，然后双方折中，不倾向于任何一方的决策，然后在折中过程中满足双方共同的要求。

三、切割法

什么叫做切割法呢？双方有很多议题可以谈，什么议题可以谈呢？我们交流切割发现，去山边的人是想住小木屋，去海边的人想住五星级大酒店，去山边的人想吃山中的特产，去海边的想吃海鲜；再切割就是交通，一边人想坐火车，一边想坐巴士；再切割，一些想省钱，一些想多花钱……在这个切割过程中，可以切出很多花费、经费、玩法等等。

现在，我们把它切割完之后，一个议题一个议题谈，用切割法谈某一个议题。比方说你们答应我们去山边，我们就答应你们不要住小木屋，住五星级饭店，因为原来去海边的人是想住五星级饭店的。

所以，去山边也住五星级酒店，是否也愿意去山边呢？放弃住小木屋行不行？把某一个议题拿出来交换一下，也可以解决问题。

四、挂钩法

另一个方法叫做挂钩法。什么叫做挂钩法呢？山边的人对海边的人说，如果答应去山边了，我们就答应你们一个条件：平常不是争执了很久吗，最近公司要进一批电脑，应该记在哪一个部门账上，这20万元的电脑经费记在我们账上，只要答应去山边游玩。

这两件事本来没有联系，一个是去旅游的地点，一个是电脑的20万元经费记在哪个部门账上；一个是去三天玩的玩法，一个就是公司最近的财务安排，这两个是毫不相关的事情。挂钩法就是你答应这件事情，我就答应另外一件事情，两件事情挂钩，对方有可能让步。

五、降低对方让步的成本

还有一个协商方法叫做降低对方让步的成本。

山边的人不想去海边，因为觉得你们想去海边住五星级酒店太贵，这一次住宿我们自费的，你们有钱愿意住，我们没有钱不愿意住五星级酒店。海边的人想取得胜利，就对山边的人说：这样好了，去海边玩，我们不住五星级的，我们住三星级的。对方一听，这样就省钱，省下的钱跟住小木屋差不多，好吧，就达成协议了。降低对方所需要付出的成本，这也是要求对方妥协的方法。

以上这种双赢型的协商可以用在劳资之间，可以用在夫妻之间，可以用在商场上的商业谈判，可以用在国家与国家之间的政治资源。

假如我们学会谈判，我们就可以用谈判解决各种矛盾冲突，用谈判解决各种可能会引发的危机。有人说谈判是不流血的战争，既然可以不流血，为什么要去发动流血战争呢？谈判并不是一种很对立、很冲突的场面，相反，谈判可以解决对立，解决冲突，造成双赢的局面。

第九章

熟悉多种谈判风格

一、熟悉不同谈判风格

谈判场上的每一个人，都可能有自己不同的方式，不可能用一套谈判技巧，适应于所有人，所以我们要掌握更多的谈判技巧来面对更多人。

以前孔老夫子讲过一句话：己所不欲，勿施于人。这句话的意思其实只有一半正确，你自己不想要，并不代表别人就不需要；你自己不需要别人赞美，不代表别人就不需要赞美；你不喜欢团队活动，不代表对方就不需要团队活动；你不喜欢应酬，不代表对方就不希望应酬；你对数字没有概念，不代表对方也对数字不在意。所以我们在谈判的时候，应该把这句话修正一下。以前教“己所不欲，勿施于人”，现在我们把这句话改为：人之所欲，施之于人。意思是我们首先要了解我们的客户到底是一个什么样风格的人。

客户的风格，可以从两个层面上来分析，一个是他果断与否这个层面，果断还是不果断，积极还是不积极，强势还是不强势；第二个是情感的层面，就是这个人是比较以人为主，还是比较以事情本身为主，一个做事的层面，一个做人的层面。

对于一个顾客，要从两个方面去了解他的风格。做事就看他的果断面，做人就看他的情感面，从这两个层面来分析他的谈判的风格。果断的客户的特质有以下几点：一、果断的客户想快速地把生意谈好；二、果断的客户作决定速度非常快，这些人就是要闪电战、游击战，他们喜欢以最快的速度来解决问题；三、果断的客户希望说服别人，你遇到一个果断的顾客，在某些层面上就要把作决定的权力，交到他的手里，让他成为作决定的人；四、果断的顾客，因为做事情很快，所以他的注意力集中在同一件事情上的时间很短。他现在关注的是这件事，如果你没有把握住，如果你没有在这个时间迅速地跟上的话，那可能后面他已经对这件事情不关心了。

我谈判的时候，遇过这样一个客户。我那天讲课，讲到中间的时候，他说，就这样吧，我们来拍这个片子，立刻找导演来。当时我们人在上海，他立刻打电话要从北京调一个导演过来，要立刻拍这个片子。可是当时我们稍微犹豫了一下说，导演立刻过来，这么快不一定能把剧本弄出来，不太好办吧。就因为我们当时没有立刻跟上，没有立刻同意他派导演，这件事后来花了一个月，才重新着手做。为什么？因为当时他觉得我现在就要解决这件事。我那么有诚意，我要导演立刻放下手边的工作，从北京飞到上海，结果你们还犹豫。他就会想，以后我跟你们做事情，你们会不会都是这么犹豫？以后我们做事情，是不是都是这么慢？

这种果断型的人，最怕遇到慢性子的人。所以他干脆就放弃了，就不想再谈了。这一谈就延迟了将近一个月，后来才把这个项目重新谈回来。所以当你遇到果断的客户，如果对方很果断，立马就要作出一些决定，你一定要趁他的注意力还集中在这件事上的时候，他的焦点还在这里的时候，立刻解决这个问题。否则他的集中时间过了，不在这个焦点上了，那你就来不及了。这是第一个，遇到果断型的人，一定要配合他的节奏，一定要配合他的速度。

另外，要了解你的谈判对手是不是感情很充沛的人。科学研究证明：右脑发达的思考者，创造力强，喜欢关心别人。所以当你跟这样的人谈判的时候，其实往往不是你们谈判结果价格的高低，而是你跟这个人的情感到底有多深。谈判是以情感的部分决定最后的结果，而不一定是以这件事情的本身来决定的。人有两种，一种是靠左脑思考的人，一种是靠右脑思考的人。右脑属于比较感性的层面，左脑属于比较理性的层面。所以右脑思考的人，比较感性，对人比较关心；左脑思考的人，比较理性，对事比较关心，而且黑白分明。所以你要先弄懂你的对手，到底是左脑思考还是右脑思考。

如果你看到一个人，他绑了一条长长的辫子，留两撇胡子，他的这种特征就直接告诉你，这个人是感性型的，他比较浪漫。如果你今天遇到一个，穿西装打领带，一丝不苟，眼光炯炯有神，这个人就是理性型的。一个人说话手舞足蹈，脸上开花，这种人就是感性型的。如果你是理性型的人，就要从事情本身，从结果的发展来谈。其实你稍微看一下就知道，每个人是不一样的，判断是理性型还是感性型的人也不是很难，所以我们在谈判时，要先分析对方是哪一类型的人。

其实所有的客户，都可以划分为四种风格。第一种风格，果断又不带情绪。这种人，我们称为实际型的人。他很果断，不会因为情绪影响他的行动。第二种风格，虽然果断，可是有情绪，有情感，这种人我们称为外向型的人。第三种风格，不果断，可是情绪化，这种人我们称为和善型的人。第四种风格，既不果断，又不情绪化，这种人我们称为分析型的人。

第一种，实际型，又称为务实型的人。当你跟他谈判的时候，这种人很乐意学习，以结果为导向。任何谈判，如果最后能带来什么结果是他要的，他就谈，他就会给出条件；如果结果不是他要的，你即使跟他攀亲带故，他也不会理睬你。这是务实型的人。这种人，任何东西都是分秒必争，一分一秒都在做事情，连在高速公路开车的时候，都要听学习的录音带，而且一边听学习的录音带，一边还联络顾客。到底这件事情处理得怎么样，他都还在追踪进度。

这类顾客，经常在谈判完之后，半夜两点，你刚睡觉，还会打电话把你叫起来，问你到底结果出来没有。这种人速度很快。所以你跟这这种人谈判的时候，你一定要知道他有些什么特色，有些什么作风。一般来说，这种人有几个特征：

1. **他可能会过滤电话，一般人他不跟你谈，如果你是重要人物、你有重大事情，他就跟你谈。**

2. **他跟你谈工作的时候，会在很正式的环境，因为大家就是来做事的。**

3. **他喜欢的活动形式是，如果这个活动他自己有机会可以亲自完全参与、完全感受，他才会去。**所以有不少顾客，他可能喜欢打高尔夫球，他设定目标每次征服18洞，他很清楚地一直朝着目标往前走。要是你经常跟这类顾客，可能是打高尔夫球，一场三个小时下来，就把生意谈完了。因为他觉得这很实际，既打球又谈了生意，赚了钱。他觉得这个太棒了。他是一定要把每一分一秒都用得淋漓尽致的人。

4. **他们思维严谨，也相当的有组织性。只要这是事实，有明确的证据，他就作决定。**

第二种，外向型的人，外向型的人很容易受鼓励，也很爱鼓励别人。他也很喜欢开玩笑，很喜欢跟大家打成一片。对他来讲，他最怕给他一堆无聊的数字，因为他对数字特别没有概念。他喜欢那些情绪化的东西。这类人在看球的时候，通常就是那个摇旗呐喊的人。他是那个呼朋引伴的人，他很喜欢热闹，任何情况下都是一群人，而不是只有自己一个人。

外向型的顾客的特点是：

1. **他对人友善，态度比较开放。**他不会有很多繁文缛节，他喜欢跟别人打交道。他对每一个人都很温和，对每一个人都很亲切，喜欢跟大家在一起，而且他不怕跟你说不。为什么不怕跟你说不？因为他觉得我们是好朋友，这个东西我不喜欢，我就要跟你讲。他很直接，又会兼顾情感。

2. **他人很不错，做事情的时候，决定有时候也很快，可是他比较没有组织性，因为他对数字没有概念。**所以如果我们遇到一个外向型的客户，你跟他谈事情的时候，你要跟他谈美好的未来，跟他勾画一片非常美丽的愿景，他一想到未来可以怎么样，他的感觉就上来了。对外向型的顾客来讲，只要感觉对了，一切都对了；感觉没了，一切就没了。所以你唯一的工作，就是留住他的感觉。

第三种，和善型，又称为友善型的人。和善型的人，也很喜欢跟别人接触。他很有耐心，喜欢了解别人，关心周遭所有的人。他声音不大，也没有太多跟别人争执的时候。他永远喜欢跟大家在一起，默默支持大家，共同地决定。这种人比较害怕别人用很严格、很大声的语气跟他说话。因为他平常就已经是一个比较内向，或者比较不那么主动的人。他做事情的时候，可能速度比较慢，所以你不能对他要求太严厉。他很像是这样一个人：坐在家里，乖乖地在冬天打毛线衣，可以打12个小时不出门。他就是很热情的，愿意为别人织一条围巾，帮助别人保暖。所以，你跟这样的人谈判的时候，你要知道，他想要帮助你。

这类和善型的人，特点是：

1. 如果在原来熟悉的圈子里面，他觉得很安全，任何东西都会相信你。如果他觉得不安全，他就会比较担心。

2. 不管对人对事，他都希望发展成比较好的关系。他可能不会自己跑去创业，但是他可以成为办公室里面一个很好的高级主管，帮你把你所交代的事情都处理好。和善型的人，比较害怕改变现状，如果你跟这样的人谈生意的话，你要慢慢来，你要一步一步地让他信任你，你要表达出对他的关心。

第四种，分析型的人。当你跟他谈判的时候，他需要大量的数据，大量很完整的数据和资料。他就像一个科学家一样，像一个会计师一样，像一个律师一样，任何东西都要完备的证据，才来跟你谈。他最怕遇到没有条理的人，最怕遇到没有组织的人，最怕遇到海阔天空的人、说过就忘的人。分析型的人，最怕遇到外向型的人。外向型的人一切跟着感觉走，分析型的人一切看着数据办，完全不一样。他们正好相反，分析型的人什么细节都问得很清楚。如果你问分析型的人现在几点，他可能会问你，你问的是美国时间，还是北京时间，还是格林尼治时间。任何东西他都要弄得清清楚楚。分析型的人，有可能很多东西都不相信，只相信设备、相信机器、相信数字、相信证据。所以你跟分析型的人谈判的时候，数字、证据要准备得多一点，你准备得越多，越容易成交；东西准备得越复杂，他越喜欢。另外，分析型的人可能很有好奇心，他们喜欢不断地吸收资讯，永远觉得吸收的东西还不足以让他作出足够的判断。他很严谨，很守时。如果你迟到，他连你迟到几分几秒，从哪个方位走进来，都会非常清楚。

所以如果我们跟实际型的人谈判的话，你要注意到，他很容易分心，他在跟你讲这件事情的时候，可能已经想到下一件事情了。所以你要把握在更短的时间之内，做有效的成交。如果你跟外向型的人谈判，他很喜欢热闹，有时候对人很好，可是做事情速度比较慢，你就要果断、明快，压着对方赶快作出一个决定。和善型的人优柔寡断，你要协助他、辅助他，作出更快速度的决定。如果你跟分析型的人谈判，他非常专心、非常专注，在任何情况下都不会偏离他所注意的事情，你要更关注地跟他谈判，才有可能得到更好的结果。还是那句非常重要的话，叫做“人之所欲，施之于人”。你说我们很热情，遇到每个顾客都热情地拥抱他。你去拥抱务实型的人，他会接受吗？他受不了。你干吗？他立刻手就挡在这边。你去拥抱的角度有70度，想吃我的豆腐？他立刻一连串数字自动就分析好了。

所以你拥抱对谁有效啊？对外向型的人，他喜欢人跟人之间的接触，他喜欢那样的温暖。对和善型的人也还可以，因为他平常没有太多的声音，他喜欢跟大家在一起的感觉。他在那个地方默默地发出电波说，抱我吧。可他嘴巴不会说出来，所以对他们也有效。当然拥抱也要看情况，别以为拥抱没有什么大的问题。大家都以为外国人都喜欢拥抱，其实不是，外国人也有务实型的，也有分析型的。所以你要先了解判断一下，他是哪一类型。不是每一种做法，对每个人都适用。还有，务实型的人花钱的时候，不会用他的情感作判断，他花钱是因为这个东西可以带来什么好处，能达到什么目的。

分析型的人不会用情感买东西。他如果花钱的话，是为了最后那些数字，那些他以为正确的数字。因为他感觉这个数字很正确，证据很清楚，所以他才购买。

四种不同类型的人，在谈判中，就容易形成四种不同的谈判风格。

第一种叫做务实型的人。他会成为那种拿着根狼牙棒，在路上跑来跑去，像一个街头斗士的人。这种人在任何情况下都风风火火，打仗一定要打到胜利为止，不惜血流成河。他们有斗牛的个性，就像西班牙的斗牛一样。这类人在谈判的时候，可能是一个游击战士，他一定要赢，可是最后他可能赢得了面子，却顾不了里子。而且务实型的人有可能会有一个致命伤，那就是他在谈判的过程中，有时候看不到其他的地方，他只执著要一项。最后发现，他虽然拿到了这一项，但是其他项损失了。你要注意他，他可能只偏向其中一个，有些地方他没考虑到，你可以利用他没有考虑到其他的地方，在其他的地方多拿一些好的结果。在他注意的地方稍微让他一下，让他以为他赢了。

第二种是外向型的人。这种人很容易让人联想到那种很热情、拿着广播器的人。这种人很热心，他们很容易兴奋，有时候看事情只看到人，不一定看到事。所以思维上不太周密。

第三种是和善型的人。和善型的人在谈判的时候，容易成为一个和平使者，他永远是好好先生，任何东西都希望得到好的结果。只要你好，我好，大家都好。他在谈的时候，是主和派。他的目标是最好大家都可以赢，他的重点是最好每个人都高兴。对待这种人，你就让他知道你高兴，他就高兴。

最后一种是分析型的人。这种人很容易成为一个公司里面的高层主管，喜欢做仲裁，这件事最好由他来决定对还是错，好还是不好，这样还是那样。他希望在谈判的过程中，可以达到一个仲裁的效果，能够把所有的证据，都由他拿来分析。

所以第一种人，游击战士、街头斗士，实际型的人，他的目标很清楚，就是要获得胜利；第二种，外向型的人，他的目标就是希望可以让大家刮目相看，都注意到他的存在；和善型的人，和平使者，最主要的目标，就是希望可以获得一个共同的协定，最后能够大家都好；分析型的人，科学家型的人，他很清楚，任何东西他都要有一个明确的答案，很多东西都要按照规范、按照条例来做，他才能够接受。

所以，人之所欲，施之于人。留意你的谈判对手是什么类型的人，注意自己的谈判风格，才能够达到更好的谈判目标，保证你的利润。

大体上讲，不同国家的人有不同的谈判风格。现在有很多的投资者，从世界各地到中国来。中国更多的财富将要从外部而来，所以我们可能要跟很多国际公司、国际企业接触，要跟很多外国人不断地谈判，不断地进行商业往来。而了解他们的谈判风格、谈判特点，也是为了能够更好地与之沟通，维护自己的利益，保持友好的经济往来。

二、美国人的谈判风格

美国人谈判风格的特点主要有：

第一，自信心强，自我感觉良好。

美国人的自信，表现在他们坚持公平合理的原则上。他们认为两方进行交易，双方都要有利可图。在这一原则下，他们会提出一个“合理”方案，并认为是十分公平合理的。他们的谈判方式是喜欢在双方接触的初始就阐明自己的立场、观点，推出自己的方案，以争取主动。在双方的洽商中充满自信，语言明确肯定，计算也科学准确。如果双方出现分歧，他们只会怀疑对方的分析、计算，而坚持自己的看法。

美国人的自信，还表现在对本国产品的品质优越、技术先进性毫不掩饰的称赞上。他们认为，如果你有十分能力，就要表现出十分来，千万不要遮掩、谦虚，否则很可能被看作是无能。如果你的产品质量过硬，性能优越，就要让购买你产品的人认识到。那种到实践中才检验的想法，美国人认为是不妥的。

美国人的自信与傲慢还表现在他们喜欢批评别人，指责别人。当谈判不能按照他们的意愿进行时，他们常常直率地批评或抱怨。这是因为，他们往往认为自己做的一切都是合理的，缺少对别人的宽容与理解。

美国人的谈判方式往往让人觉得美国人傲慢、自信。他们说话声音大、频率快，办事讲究效率，而且很少讲对不起。他们喜欢别人按他们的意愿行事，喜欢以自我为中心。“想让美国人显得谦卑、暴露自己的不足，承认自己的无知实在太困难了。”总之，美国人的自信让他们赢得了许多生意，但是也让东方人感到他们咄咄逼人、傲慢、自大或粗鲁。

第二，讲究实际，注重利益。

美国人做交易，往往以获取经济利益作为最终目标。所以，他们有时对日本人、中国人在谈判中要考虑其他方面的因素，如由政治关系所形成的利益共同体等表示不可理解。他们认为，做买卖要双方都获利，不管哪一方提出的方案都要公平合理。所以，美国人对于日本人、中国人习惯的注重友情和看在老朋友的面子上，可以随意通融的做法很不适应。

美国人做生意时考虑更多的是做生意所能带来的实际利益，而不是生意人之间的私人交情。所以亚洲国家和拉美国家的人都有这种感觉：美国人谈生意就是直接谈生意，不注意在洽商中培养双方的友谊、感情，而且还力图把生意和友谊清楚地分开，所以显得比较生硬。但从美国人的角度看，他们对友谊与生意的看法却与我们大相径庭。一位美国专家指出：美国人感到，在中国，像是到朋友家做客，而不是做生意。同中国人谈判，是“客人”与“主人”的谈判。中国人掌握着谈判日程和议事内容，他们有礼貌，或采取各种暗示、非直接的形式请客人先谈，让客人“亮底”，如谈判出现障碍或僵局时，东

道主会十分热情地盛宴招待对方。中国人的地主之谊、客气和热情，常使美国的“客人”为顾全情面作出慷慨大方的决策。

美国人注重实际利益，还表现在他们一旦签订了合同，就非常重视合同的法律性，合同履约率较高。在他们看来，如果签订合同不能履约，那么就要严格按照合同的违约条款支付赔偿金和违约金，没有再协商的余地。所以，他们也十分注重违约条款的洽商与执行。

第三，热情坦率，性格外向。

美国人属于性格外向的民族。他们的喜怒哀乐大多通过言行举止表现出来。在谈判中，他们精力充沛，热情洋溢，不论在陈述己方观点，还是表明对对方的立场态度上，都比较直接坦率。如果对方提出的建议他们不能接受，他们也是毫不隐讳地直言相告，甚至唯恐对方误会了。所以，他们对日本人和中国人的表达方式表示了明显的异议。美国人常对中国人在谈判中的迂回曲折、兜圈子感到莫名其妙。对于中国人在谈判中用微妙的暗示来提出实质性的要求，美国人感到十分不习惯。他们常常惋惜，不少美国厂商因不善于品味中国人的暗示，失去了不少极好的交易机会。

谈判中的直率也好，暗示也好，看起来是谈判风格的不同，实际上是文化差异的问题。东方人认为直接地拒绝对方，表明自己的要求，会损害对方的面子，僵化关系，像美国人那样感情爆发、直率、激烈的言辞是缺乏修养的表现。同样，东方人所推崇的谦虚、有耐性、涵养，可能会被美国人认为是虚伪、客套、耍花招。

第四，重合同，法律观念强。

美国是一个高度法制的国家。美国人的法律意识与中国人的传统观念反差较大，这也反映在中美谈判人员的洽商中。中国人重视协议的“精神”，而美国人重视协议本身的条文。

一遇矛盾，中国人就喜欢提醒美国伙伴注重协议的精神，而不是按协议的条款办。与中国人签约，本身就是一种“精神的象征”。

美国人重合同、重法律，还表现在他们认为商业合同就是商业合同，朋友归朋友，两者之间不能混淆起来。私交再好，甚至是父子关系，在经济利益上也是绝对分明的。因此，美国人对中国人的传统观念——既然是老朋友，就可以理所当然地要对方提供比别人优惠的待遇，出让更大的利益，表示难以理解。这一点也值得我们认真考虑，并在谈判中加以注意。

第五，注重时间效率。

美国是一个高度发达的国家，生活节奏比较快。这使得美国人特别重视、珍惜时间，注重活动的效率。所以在商务谈判中，美国人常抱怨其他国家的谈判对手拖延，缺乏工作效率；而这些国家的人也埋怨美国人缺少耐心。

在美国人的企业里，各级部门职责分明，分工具体。因此，谈判的信息收集、决策都比较快速。加之他们个性外向、坦率，所以，他们一般谈判的特点是开门见山，报价及提出的具体条件也比较客观，水分较少。他们也喜欢对方这样做，几经磋商后，两方意见很快趋于一致。如果对方的谈判特点与他们不一致或正相反，他们就会感到十分不适用，而且常常把他们的不满直接表现出来，就更显得他们缺乏耐心。人们也就常常利用美国人夸夸其谈、准备不够充分、缺乏必要的耐心的弱点，谋取最大利益。当然，美国人干脆利落，如果谈判对手也是这种风格，确实很有工作效率。

美国商人重视时间，还表现在做事要一切井然有序，有一定的计划性。不喜欢事先没安排妥当的不速之客来访。与美国人约会，早到或迟到都是不礼貌的。

三、日本人的谈判风格

总体来看，日本人谈判有以下特点：

第一，非事务性接触阶段。

商务谈判中，我们习惯于5~10分钟寒暄后便进入谈判主题，而这对日本人来说是不太合适的。在与日本人谈判中，高层官员的作用只是礼仪上的，通常在谈判后参加签署合同。有时，他们也参加早期的非事务性活动，地点选择在饭馆、高尔夫球场等非正式场所。一位日本高级主管人员说，98%的话题与体育、政治和家庭有关，只有2%和商业有关。许多日本公司有他们高层主管的情况简历，我们可以从中获得信息。和日本高层主管谈话时，说什么并不比怎么说重要。日本高层主管往往会对对方公司的正直、可信、履约能力做个整体判断。另外需要注意一些细节：

1. 名片可以交换也可不交换。当两方总裁相见时，名片并不需要，但要准备好日文名片以备交换。

2. 带点小礼物也是非常好的方法，像印有本公司标志的铅笔、领带及其他装饰品，但像象征恶化的裁纸刀、剪彩刀是不合适的。礼物互换只表示心意，太贵重的礼物不合适。

3. 在欢迎仪式后表达双方将来真诚合作的愿望是必要的，要注意表达必须间接和暗示。如：我们很高兴，将来能对贵公司有所支持；我们以自己产品的高质量而自豪，希望你们能分享；贵公司和我公司很明显在某些方面有着共同目标。

在日本，一般行政人员的非事务性接触典型途径如下：日本谈判员将在某个下午较晚时邀请谈判对手和介绍人到日本公司见面，在那儿参观并进行些非事务性闲聊。晚上6:00左右，日本负责人将建议吃晚饭，通常由他们选择餐厅和付账单，你将没有付款的机会，因为你看不到账单，此时，商业话题仍不合适。晚饭后，日方将建议到酒吧聊一聊，这样一直到晚上

11:00左右，以安排将来会见的日程。通过这段时间的交流，只有一些模糊的双方合作意向。值得提醒的是：交换名片是必要的，离开办公室时赠送点小礼物。

第二，事务性信息交流。

1. 表达信息

日本人列出问题的方式类似于中国旧叙事诗的三段式：情景介绍——详细描写——道出主旨。只有经过很长时间说明，才说出自己的目的。然后日本人会不断地重复问问题，甚至许多人会问同一个问题，其实这与日本人集体决定有关，我们要有耐心并准备足够信息，但也要适时地控制他们的提问。

2. 获得信息

幸运的是你的日本对手在重复问你的问题时，会暴露给你更多的信息。当你从会谈纪要上看到，日本人多次询问送货日程，只有两次询问服务合同，那说明他们看重的是送货时间。从日本人处获得的信息，需要经过认真推敲。如果你问日本人有关你的报价的看法时，他们会说："噢，它看起来很好。"很可能他们内心认为这很糟，要真正了解需要建立非正式的交流渠道，而这种非正式的交流渠道须由基层行政人员去完成，这也是谈判团里要有基层行政人员的原因之一。

第三，让步和签约。

谈判需要双方共同合作，双方都要放弃某些利益，共同将蛋糕做大。谈判不能仅着眼于眼前问题的解决，而要增进了解，为的是长期利益。一旦良好关系建立，一系列问题就都能迎刃而解。

和日本人谈判，往往会出现有进展的信号，如更高级的行政人员被邀参加讨论，讨论的问题专注于某方面，对某些问题的"柔化"，如"让我们花时间研究一下"。抓住这些信号，你就能游刃有余。

谈判中部分让步、阶段让步对日本人来说不起多大作用，他们着眼于整个问题的解决，我们建议一直到所有议题和利益均讨论过后再作出让步，那时，小的让步有助于关系的建立。在结束讨论之前，有三点对我们来说是看不惯的，而对日本人来说是正常的：（1）容易打断一方谈判；（2）在谈判中途，日方人员会自由进入或离开会场；（3）当你正和一群日本人讨论时，发现一个人，很可能是主管人员，“闭着眼听”！

和日本人谈判，前期的准备工作显得尤为重要，如果前期的非事务性交流，双方的第一印象良好，后面的谈判会顺利很多。

四、韩国人的谈判风格

随着中韩两国政治关系的正常化，两国的经贸往来也日益频繁，尤其是我国的东北三省，以及山东、江苏、上海等地与韩国的经贸关系更加密切。为使自己在与韩国商人的交往过程中处于有利地位，下面的几点技巧是很有借鉴作用的：

第一，以恭敬代替对抗。

韩国商人懂礼貌、有修养，面子观念也极强。所以在与他们交往的过程中，无论发生什么情况，都要注意不使他们当场丢面子。不仅如此，在许多场合，你还应恰如其分地赞美他们国家的一些优越之处，诸如经济发展的迅速、国民生活的富足、社会秩序的稳定等等。而这样做的结果，往往是事半功倍。

第二，愉快地接受宴请并适当地予以答谢。

在韩国经商之余，韩国商人往往会邀请你共进午餐或是晚餐，这时无论时间多紧，你都应愉快地接受邀请。席间，你还应了解到韩国人一般都较爱喝酒，因此在韩国能多喝酒，往往也能加速商业事务的成功。当然，宴请之后，你也应在适当的时间予以答谢。答谢的方式，或是设宴，或是赠送小礼物，或是邀请他们打高尔夫球。

第三，耐心化解语言困难。

虽说韩国长期以来与美国交往密切，然而他们的英语水平却并不高，加之韩国商人办事又比较精明和有耐心，因此，商业交往中，我们应尽量化解语言上的障碍。条件许可的话，会谈后，双方还可以回过头来，复议一下会谈条款，这样往往也会加速商务会谈的成功。

第四，发展良好的个人关系。

在与韩国商人打交道的过程中，发展良好的个人关系也是一个重要环节。商务交往中，双方虽说签订了合同，但韩国商人看重的不是合同本身，而是合同本身所包含的相互间的良好的个人关系。因此，只要我们抓住了他们重友情的这一点，生意不难做成。

第五，正式而有益的名片交换。

小小一张名片，在韩国人的眼里意义却很重大。因为从名片中，他们会得知你的权力以及你所承担的责任，据此，他们会作出他们的决断。

第六，选择合适的商务中间人。

韩国商人不喜欢别人毛遂自荐，也不喜欢与陌生人打交道。因此，商务交往中，寻找一位合适的中间人便显得很有必要。另外，在选择中间人这一点上也须慎重，如果这位中间人稳重、谦和且又深受对方敬重的话，那么韩国商人往往就会爱屋及乌，与你做生意时，他们便会很有诚意。

第七，避免过分地抬高自己。

韩国商人有耐心，讲信誉，对敏感与细节问题考虑良久，并喜欢集体作出决定。因此，在与韩国商人交往的过程中，过分地抬高与表现自己，往往会弄巧成拙、蛋打鸡飞。

五、中东人的谈判风格

在和中东人打交道时，一定要注意他们之间的宗教差异。尤其需要注意的是，除非他们是来自阿拉伯半岛，包括沙特阿拉伯、伊拉克、约旦等国家，否则千万不要把他们当成阿拉伯人。埃及人喜欢被称作阿拉伯人，而伊朗人则喜欢被称为波斯人。

在和中东人谈判时，一定要作好充分的思想准备，因为他们可能要用很多天才会开始和你进行谈判。当中东人签署一项协议时，他们通常会觉得那只是双方谈判的开始，而不是结束。所以中东人喜欢先签协议，然后再谈判。大多数在中东做过生意的美国人都知道这一点，所以他们称中东人为“协议收集者”。了解这点非常重要，因为这就是大多数中东人做事的一贯方式。协议在中东人心目中的位置就像意向书在美国人心目中的位置一样。

在中东人的世界里，房子第一层往往是店员和顾客打交道的地方，而店员的地位比商人更低，所以，千万不要让你的客户和你在第一层谈判，那样他们会感觉自己受到了侮辱。通常情况下，双方谈判的楼层越高，就表示你对他们越重视。

如果对方迟到，或者他们根本没有前来赴约，千万不要介意。在中东的许多地区，约会并不是十分坚定的承诺，而且，中东人对于时间的观念也没有美国人那么强烈。

六、欧洲部分国家的谈判风格

1. 法国人

法国人似乎天生就充满着人情味。据说，在还没有成为朋友之前，他们是不会跟一个人做大宗生意的。他们非常珍惜人际关系，但绝不会把交际同贸易联系起来。无论是在自己家里招待还是在饭店里请客，他们都不会把这看作是交易的延伸。

法国人的人情味在谈判中，往往会表现为大而化之的风格。他们似乎不像德国人那样细致谨慎，法国人在谈妥大约50%的条款时，就会在契约上签字。不过，昨天才签的契约，明天他就可能会要求变更。他们的想法是："既然要点已经谈妥了，细节的事以后再说也无妨。反正讲一下就行了。"这种行为看来是不守信用，不过根据专家的研究，这也是法国的一种人情味。

法国人的人情味还表现在：谈判不能只顾谈问题，否则会被嘲笑为是个枯燥乏味之人。在最后作决定时可以一本正经，在其他的时间里，多谈一些关于社会新闻或文化等方面的话题往往受大家欢迎。当然这也与法国人的素质有关。有人说："不知道是听来的还是看书积累的知识，就是杂货店或肉店的女老板，也会时而滔滔不绝地谈论艺术，一下子又会把话题扯到政治上去，真叫人感到惊讶！”

不过，法国人的人情味也绝不是浪漫无边的。对于地位不同的人，他的反应可能很不同。尼克松回忆，当他作为副总统访问法国时，戴高乐的接待是严肃而认真的。之后，尼克松当选为总统后，与戴高乐的会谈便更多地充满了随意亲切和无拘无束。法国是“存在主义”的发祥地，对于个人权力还是很重视的，即使在商业谈判中，法国人也很注重同个人的关系而且认为，以个人为基础的关系要比公司的信用重要得多。

除此而外，法国人的谈判风格还有三个特点：

（1）他们的立场非常坚定，他们都具有戴高乐的依靠坚定的“不”字以谋取利益的高超本领。

（2）他们对自己的语言有一种很强的优越感，往往要求用法语作为谈判的语言。

（3）他们明显地偏爱横向式谈判。也就是说，他们喜欢先为协议勾画出一个大致的轮廓，然后再造成原则协议，最后确定协议的各个方面。他们把谈判的重点放在拟订一些重要的原则上，而不注意细节。这与美国人的一个问题一个问题地谈判的风格正好相反。

2. 英国人

英国人对自己的血统非常地在意，甚至英国人在某一种程度上，在心理上还一直觉得自己是美国人的哥哥，和美国是兄弟之邦，他们永远不会忘记，美国人是从英国过去的。英国人比较绅士，他们觉得，他们很有历史、很有传统，他们很注重自己的出身。

英国人的特点是：

（1）英国对时间非常重视，所以你一定要很早地就跟他把时间约好，而且一定要准时出现。

（2）英国人对礼貌的要求比较高，他们唯礼是从。

（3）英国人很重视隐私，跟英国人谈事情的时候，一些比较私人的问题，比较私密的问题，他不会问你，因为他们觉得那些跟公司无关。

（4）他们非常注重阶级的区分，因为在英国，他们有女王，还有王室，等级森严。

（5）英国人喜欢在安全的情况之下和别人交谈。

（6）英国人对美国人有一定的戒心，他们觉得美国人有点油腔滑调，甚至觉得美国人讲英文速度太快，因为英国人的速度是比较慢的，更绅士，他们喜欢很多东西慢慢来。如果女士跟英国人谈判，他还会礼貌地为你拉椅子，为你做些什么事情，很讲礼仪。在这种情况下，你跟英国人谈判时，就要注重一些相关的礼貌和礼仪，行事步调要慢一些，要配合他的节奏。

3. 德国人

德国人一板一眼，他会把全部的精神，都投注在交易内容上面。他不太会理会他跟伙伴之间的关系，或者当时签约的主客观环境。他最在意的东西就是到底这个交易的内容是什么，而且他们一定要把合约弄得非常详细。你不要忘记了，很多车子都从德国出来，像奔驰，像宝马，制造这些车子的时候，都有一个非常严谨的过程。所以你跟他签约的时候，一定要弄得非常清楚。跟德国人见面的时候，你的态度一定要很坚定，因为他们不喜欢那些懦弱而没有表现的人，他们喜欢勇敢的人。

跟德国人谈事情的时候，不要把双手插在口袋里面，他会觉得那是你对他的一个很大的侮辱。跟德国人接触的时候，刚开始他们会比较严肃，比较冷漠，不过你跟他相处一段时间之后，可能会变得比较好一点。德国人非常重视头衔，非常重视职称，所以当你和德国人谈判的时候，如果是董事长，就要称呼他为董事长，是总理就要称呼他为总理。美国人不会这样，美国人直接叫名字，而德国人则非常注重称呼。

4. 俄罗斯人

对于俄罗斯人来说，钱几乎毫无意义，因为即便是有钱，他们也没有什么东西可买。

记得里根总统曾经讲过一个笑话，说是有一个俄罗斯人攒了一辈子的钱想买一辆汽车。在从政府那里领到许可证之后，他拿着钱和许可证来到汽车旁边，从政府那里得到属于自己的汽车了。政府人员告诉他7年之后就可以领到自己的车。

“7年？”

“没错，7年之后的今天，你就可以拿到属于自己的汽车了。”

“上午还是下午？”

“同志啊，这有什么区别吗？”

“当然，因为水管工答应我那天要来。”

虽然有些俄罗斯人可以如鱼得水地接受资本主义，但对于许多人来说，这仍然是一个非常艰难的过渡，所以千万别指望他们会像我们那样看重利润。

在谈判的过程中，俄罗斯人往往并不害怕在一开始就提出过高的要求。他们希望你对他们表示足够的尊重。美国人或许觉得傲慢，但俄罗斯人显然不这么认为。所以在和俄罗斯人打交道时，不妨多了解一下你的谈判对手，告诉他们，你对他们的印象是多么深刻。俄罗斯人有着非常强烈的官僚主义意识，所以他们完全可以告诉你，他们并没有最终的决定权。这可能会让你感到十分沮丧。俄罗斯人大都非常善于保护自己，为了免于受到责备，他们通常会在作出一项决定之前找几十个人签字。之所以会出现这种情况，最根本的源头可以追溯到苏联时代，那时候犯错误的人常常会受到非常严厉的惩罚。

俄罗斯人不会害怕告诉你他们所关心的事情。所以一定要学会接受对方的这种坦城，而不要把它看成是一件烦人的事情。这时你可以假想自己是在对付一个正处于暴怒状态的人，不妨先让他放松一下，然后再重新讨论一些符合双方利益的事情。俄罗斯人都以自我为中心，所以他们并不关心是否能达成双赢的结果。

俄罗斯是一个“高语境”的国家，这点可能是你所没有想到的。你可能会以为俄罗斯人非常强硬，而且由于他们说话非常直接，所以你可能会觉得他们在做生意时可能会非常冷酷。但事实并非如此，在那种看似冷酷的谈判风格下面，他们还是非常希望和自己的谈判对手建立良好的关系的。这点显然要比大多数美国人那种表面上的友好更深了一层。但也千万不要以为你和对方喝了一箱子伏特加，或者是拥抱了几次，你就已经成功地与对方建立了相互信任的关系。

如果俄罗斯人说什么事情有些不大方便，他们的真实意思是说那根本不可能。我用了很长时间才明白他们的这一特点，而且直到今天，我还是不明白他们为什么会这样。我想，这可能是因为翻译上的问题吧。打个比方，在莫斯科一家酒店下榻时，我要求服务人员帮我们转到一间更大的房间里去。她告诉我："这可能有些不大方便。"这让我感觉，她实际上是在告诉我，那根本不可能。最后我足足和她谈了15分钟，她才同意把我们转到一间套房。

第十章

解密无敌谈判高手

一、谈判高手的六大特质

第一，他绝对是有勇气去挖掘更多资讯的，他敢发问。很多人担心别人嘲笑他问的问题太幼稚、太无知，觉得问这个问题自己很丢脸，这是一种认识误区。你要敢承认无知，当初成本不知道，成本进价不知道，请对方给你解释清楚一点，这就是有勇气挖掘更多的资讯，一定要当一个挖掘信息的人。

第二，比其他谈判人员更有耐性。谈判是一个冗长的过程，对方制造僵局，维持僵局；对方累积资源，拖延时间；对方制造僵局，不肯解决僵局；对方故意拖延时间……的如果你着急就处于劣势，所以你比其他谈判人员要更有耐性。

第三，要有开高的勇气。什么叫开高的勇气呢？很多人不敢开太高，怕被对方嘲笑，万一要求太多，担心对方说你太贪心。可是万一你开得太低，在这场谈判中，你就已经处于劣势了。

要的比想的更多，永远要用夸大的要求来开始这场谈判。

第四，倾听合作记录。要养成这个好习惯，听对方讲什么，在笔记本上作笔记，把对方讲的内容一一记下来，这就是倾听。

在内容的旁边可以记下自己的想法。他讲这一部分内容，你先记录下来，你有什么想法也记下来；不要打断对方的话，你突然打断对方，对你不利，因为你无法挖掘更多信息了。

第五，无敌谈判高手。有一种竞争的精神、竞争的企图心，这是内在的，并不是外在表现。内心要有赢的精神，而不是说内心说无所谓，算了吧。谈判高手外在是比较没有那么强的竞争精神的，但是内在是比较有竞争精神的。

外在是亲和力，内在是企图心，表面是无所谓，心里是一定要拿下所有条件，这叫做内在的竞争精神。

第六，不在乎别人是否喜欢你。老布什会被骂；小布什也被骂；王石捐钱太少也被骂；中央电视台主持人穿得形象不好也被骂；我教你谈判如何成功，也被骂。那又怎样？谈判高手不在乎是否被别人喜欢。

领导人爬得越高，他的鞋底越容易被别人看到。什么叫做领袖？这是领子，这是袖子，穿衣服的时候，露在外面的就是领子和袖子，很重要，代表的是形象。但是最容易脏的也是领子和袖子，所以，要当领导人就不能害怕被批评，就不能害怕被别人当黑脸。谈判高手要有坚定的能力，虽然不一定被别人喜欢，但是他达成了他的使命。

以上就是谈判高手具备的六大特质。

二、谈判高手的五大信念

第一，你要相信压力总是在另外一方。

你去借钱的时候会感觉，我是借钱的人，我是贷款的人，在银行谈判中处于劣势。可是别忘记，银行也有压力的，银行要把钱借出去才行的，你有压力，银行也有压力。你在当买方的时候不要认为，他是否愿意卖给我，他是否愿意便宜点呢？卖方也有压力，他也想把产品快一点卖出去，把钱收回来，他要货还是要钱？他也许对你说：我们的东西不打折，你买不买无所谓，我卖不掉就卖不掉。这个时候，你可能就有压力了。你可以倒过来问他：我可以不买你的东西，货在你的仓库里，但是你要货还是要钱？你摆一年，摆两年，我相信最后还是降价卖。卖方可能会说：你有钱是你的事，我有货不怕没人要，你今天不要，以后有人要。所以要相信压力总在另一方，不要把压力放在自己身上，要制造对方的压力，你要相信对方也是有压力的。

第二，谈判是有规则的，要讲究谈判规则。

我在谈判课程中和这套教材中进行这么多谈判资源大于战术的强弱分析，分析这么多战术的应用，这都属于谈判的规则。

有人说：杜老师，你能让买方以更低价买进，让卖方以更高价卖出。如果买方、卖方都知道谈判规则，他们谈判谁会赢呢？有人问我：矛盾相搏，到底矛会赢还是盾会赢呢？答案就是买方守规则，买方就会赢；卖方守规则，卖方就会赢。谈判中，谁对规则越熟悉，谁更遵守谈判规则，谁就会赢得比较多的利润。谁不遵守这套规则，谁就有可能失去应得的利润，就这么简单。

遵守这个规则就像遵守交通规则一样，上路开车有没有风险？当然有，为什么还要开呢？因为方便，这是工具。万一出风险怎么办？所以，第一，要考驾驶执照；第二，开车开慢一点；第三，遵守交通规则。越遵守规则，风险就降得越低。谈判也一样，你越守规则，就越不容易被别人套出底价，越容易套出别人底价，越容易拿到利润，越容易让对方满意，越容易实现双赢，越容易当赢家。

谈判是有规则的，守规则是对的。

第三，拒绝只是谈判的开始。

谈判高手相信，对方说NO，这证明对方已经想跟你谈判了，你别以为NO就是NO，NO只是开始。

第四，装傻才是聪明人。

一般人看到你很精明，就想跟你比赛；他看到你精明就有防备心；他看到你很精明，就想胜过你。

很多人喜欢在谈判的时候，故作很精明干练的样子，把自己弄得很强大，这是最笨的方法。最笨的方法就是引发对方的防备心，引发对方的竞争心理。

你应该把自己装扮得傻一点，所以这样就容易消除对方的防备心，也不会被对方压倒。

第五，就事论事。

什么叫做就事论事呢？谈判的时候，你要对对方说，是针对生意，不是针对个人，是针对条件不好跟你僵持到底，在这个问题上据理力争，但是我们私下是全力以赴愿意帮助你的。朋友归朋友，生意归生意，人归人，事归事，这就是谈判的本质。

如果你在谈判中讲人情，除非这是一种策略，今天故意输给他一些，为了下次赢他多一些，否则的话就得就事论事。

三、双赢谈判的几条规则

并不是每一场谈判都是针锋相对的。双赢就是双方都认为自己赢了，对手输了，这是最好的。

你认为你得到了满意的价格，比你预想的卖得更高，比你的底价更高一点，这样就更好了。

他认为比他出的最高价更低一点，这样就好了。双方都认为：对方如果再强一点，自己就会输，这样就更好了。

双赢谈判的结局一定是双方都满意。下面是双赢谈判的几条规则：

第一，不要把焦点放在单一议题上。

如果放在单一议题上，针对这一点争得你死我活的时候，谈判就会产生输赢。也许这一点你让步，那一点他让步，就像跳“恰恰舞”一样，你进一步，他就让一步，你左脚让步的时候，你右脚可以进步。不要把焦点放在单一议题上，不是你输就是我输，这违背了双赢的谈判规则，所以要增加议题，这也是前面提到的挂钩策略。

大家目标不同，有的人就是要橙肉榨橙汁，有的人就是要橙皮敷脸，针对这个争得你死我活的时候，想一想，最后大家的目标是什么？也许大家目标不同，达成他的目标的同时，也可以达成了你的目标，这是最好的双赢。

第二，不要太贪心，想赢走所有的钱。

我看到一个人去修车：维修价格要低一点，托运费你出，维修修得好一点，再换一个轮胎，修不好你得赔一个新轮胎。

维修老板最后火了：你走，我不帮你修了，不要你这个客人。为什么对方发火了？因为你太贪心，想赢掉所有的钱。

第三，谈判后还回一些东西到谈判桌。

要在谈判之后对他说一句话：我希望把服务年限再加长半年，你看怎么样？你可以在谈判结束后再加一句：我想再送你们一箱的赠品，你看怎么样？在结束后再加一句话：我有要求。他问有什么要求。你说：我是否可以把这个保证书写清楚，如果我们做不到我们的承诺，我愿意赔偿你双倍的交易金额？

谈判完以后，再拿一些东西还回谈判桌，要在这个时候承诺多做一点额外的服务，承诺你愿意多做一点额外的事情，跟老板谈完8小时薪水多少，一周只上班5天，再对老板说：老板，其实每周六加班半天，我是不想要加班费；老板，其实每天我不一定要5点下班的，我可以做到8点；吃饭钱我自己出也可以的。

不经谈判而得来的东西，会让对方更珍惜，对方不经谈判而得到的礼物，那才是真正的礼物。对方离开你的时候，对你抱有尊敬、感激之情，这才是你要做的事情。经谈判得来的，他一点都不会觉得感激，那是他争取来的。不要谈判都愿意给他的，他就会觉得他赢了，他占便宜了。所以不经谈判得到的礼物比谈判得来的更有价值。

掌握这一套谈判技巧，全盘使用这套谈判技巧，在国家与国家中、在商业中、在婚姻中、在朋友之间，用来处理任何的人际关系、商业关系、买卖关系、团队利益分配，用来解决任何的冲突，用来解决任何的矛盾，用来化解任何的对立，你的生活将会更有激情，更快乐，会减少很多问题和麻烦。

我希望人人都善用这套谈判技巧去达成他想达成的目标，去影响别人，帮助别人。这样就可以避免战争，避免流血，避免肢体冲突，避免朋友翻脸，避免夫妻争吵，避免父子绝情，避免所有人间的悲剧。

学好这套谈判技巧，创造一个美好的未来。让我们用这个谈判技巧，去解决我们身边所有人的问题，帮助所有人实现美好的梦想，甚至帮助社会，帮助国家，帮助全世界。有了谈判技巧，世界就会和平，让暴力、战争、冲突都成为我们模糊已久的记忆。

附录

课程推荐(一)

朋友：

您想打造赚钱机器，成为成交高手吗？杜云生创富教育机构为您准备了以下课程：

“绝对成交”

“绝对成交高级班”

“赚钱机器”

“公众演说”

“无敌谈判”

“20倍保证班”

“财富创造大会”

“向命运挑战”

“青少年创富班”

“NAC心理学”

无论您参加哪个课程，都将受益匪浅，财富之流将如潮水般向你涌来，让你获得非凡的成就！请别错过每一个机会喽！

请来电咨询报名：

020-86589479　86555650　86555486

86583576　86555485　13826415901　13908868106

《绝对成交》课程简介

《绝对成交》实战课程，让您完成由销售业务到销售精英的蜕变！三天两夜，杜云生老师全程陪伴，倾力亲授！

第一天：

您将在第一天中为这套世界级的成交训练打下扎实的基础。杜老师将会在一天的时间中培养您坚实的发问基本功。在彻底纠正您错误的销售习惯后，训练您的发问技巧，像条件反射一样简单。基本功扎实后，才开始教您完美销售的具体步骤。

第二天：

杜老师将训练您如何大幅度地提高您在顾客心目中的信赖感，教会您如何洞察人心和如何促使顾客下定决心，以及如何倍增产品价值的塑造方法。在第二天中，您会感受到：由于基本功的扎实，您的成交技巧已有大幅度的提高。

第三天：

在第三天的早上，您将参与一个游戏，它是如此地震撼您的大脑。一上午会冲击着您过去传统的销售习惯，彻底颠覆您对销售的看法。您会将发问的基本功轻松地应用到处理顾客抗拒的六大步骤上，并且您会看到您的成交技巧已经真实地为您带来收入和业绩。第三天的您，确实会迫不及待地想要冲出教室去成交顾客，把话说出去，把钱收回来。

两项承诺：1. 课后不满意退款　　2. 课后满意无数次复训

《赚钱机器》课程简介

《赚钱机器》——追求财务自由的终极课程!

第一天：打造赚钱机器的八大步骤

第一课　打造赚钱机器的八大步骤。决定你人生的命运方程式和人脑五大软件是什么?

第二课　所有致富的关键是什么?你为什么陷入为钱卖命却始终没钱的怪圈?

第三课　四两拨千斤的财富秘密。如何创造永续不断的财富管道和解决价值亿万的问题?

第四课　趋势：不可逆转的财富流向。时机：瞬间改写命运，该出手就出手。

第五课　决策力法。激发行动力的五大步骤。

第二天：将你的企业打造成自动印钞机

第一课　打造企业机器的八大关键。世界上有四种人，你属于哪一种?

第二课　企业的铁三角组织架构。赚大钱是团队运动。

第三课　如何几何式倍增企业业绩?《行销机器》创造第一品牌。

第四课　谈判：世界上赚大钱最快的方法。演讲：销售的最高境界。

第五课　系统：让你企业自动、完美、高效地运转。

第三天：财务自由的六大关键

第一课　创造财富的四种方法和财务自由的六大关键。

第二课　穷人、富人、中产阶级的花钱模式。如何一劳永逸地解决财务问题？

第三课 《时间的机器》如何越省力越赚钱？如何让时间投资获得最高回报率？

第四课 财道：吸引钱的定律。

两项承诺：1. 课后不满意退款　2. 课后满意无数次复训

课程推荐(二)

亲爱的朋友：

健康是福，无病是乐！健康是一切成就的根本！

人人都梦想健康长寿，过健康、快乐、幸福美满的人生。可是很多人找不到方法，长年在疾病困扰中消耗能量，在不知不觉中病死、老死、老态龙钟、痛苦不堪，不能尽享天年，这是很可悲的事情。

生命属于我们只有一次，健康属于我们不可缺少，生命的和谐源于健康长驻。《光之子大医道瑜珈》、《与命共舞》2套课程，可让您时光倒流（年轻十岁)，充满活力，为您的生命撑起高飞的翅膀，让您的事业更成功，家庭更幸福，心灵更富有，获得生命的春天！让您的身心在和谐安详中，去构建您人生成功的蓝图，如同走向了高速公路！

如果您珍惜您的生命，想早日觅到青春不老的秘方和心灵财富的自由成功之路的方法，请您快快致电方普文化咨询报名，学习以下课程：《光之子大医道瑜珈》2天、《与命共舞》2天。

于艾平将亲授并与您分享生命的喜悦。

欢迎您通过百度、Google、搜狐、新浪、优酷、五六网、土豆、4J4J等视频空间，搜索以下关键词，即可了解更多震撼和启迪您心灵的内容：

于艾平体坛三棱镜　于艾平　于艾平奥运情怀　于艾平和谐颂
于艾平视频　于艾平传奇　于艾平为奥运放歌　中国最美的女人
于艾平和谐之旅　爱的证明　震撼心灵的历程　于艾平健康之旅
天使的爱 爱的力量　赈灾诗朗诵　亲爱的人　于艾平小品　仰望
于艾平慈善之旅　于艾平医道　于艾平爱的呼唤　握手　勇敢冲
边疆人迎奥运　和谐颂　和谐世界　医道颂　根　心语　养生歌
方普之歌　奥运情怀　奥运中国心　和谐奥运颂　方普文化
搜狗方普　马艺源　马议祺　乐后圣医道　送健康颂和谐
光之子和谐颂　于艾平慈善　杜云生　绝对成交　赚钱机器
无敌谈判　周弘　亲子和谐篇　婚姻和谐篇　四大和谐篇

联系人：于艾平　13826415901　13908868106　13925191089
于艾平个人邮箱：yiyan8888@126.com
于艾平个人博客：http://yuaiping020.blog.sohu.com
欢迎访问全球医道和谐网：http://www.qqydhx.com
全球医道和谐网邮箱：yidaoclub@126.com

于艾平与你分享

欢迎您通过百度、Google、搜狐、新浪、优酷、56网、土豆网、4j4j等视频空间，搜索以下关键词，即可了解更多震撼和启迪你心灵的内容：

于艾平　于艾平和谐颂　于艾平迎华诞　于艾平声疗天籁
于艾平视频　于艾平奥运　于艾平爱的呼唤　于艾平小品
震撼心灵的历程　和谐颂　于艾平和谐之旅　和谐世界
养生歌　于艾平健康之旅　医道颂　心语　勇敢冲　根
中国最美的女人　于艾平慈善之旅　赈灾诗朗诵　爱的力量
亲爱的人　爱的证明　天使的爱　绿色梦想　仰望　握手
于艾平体坛三棱镜　于艾平奥运情怀　奥运中国赞
于艾平为奥运放歌　奥运中国心　奥运情怀　和谐奥运颂
世界奥运颂　绿色奥运　奥运之约　奥运之路　于艾平医道
方普之歌　再见也是相逢　边疆人迎奥运　于艾平传奇
于艾平迎亚运　亚运广州　声疗天籁　光明行　总理
与命共舞　拥舞生命　迎华诞　谢谢你中国的警察
方普文化　搜狗方普　马艺源　马议祺　乐后圣医道
送健康颂和谐　光之子和谐颂　于艾平慈善　周弘
亲子和谐篇　婚姻和谐篇　四大和谐篇

和谐世界 Harmonious World　灵魂工程　与命共舞 Dancing with fate

你若盛开，蝴蝶自来

有人问毕加索："你的画怎么看不懂啊？"

毕加索说："听过鸟叫吗？"

"听过。"

"好听吗？"

"好听。"

"你听得懂吗？"

心态不好，说穿了，就是心太小了。

心态的"态"字，拆解开来，就是心大一点。

心若每天大一点，心态还怎会不好呢？

你生气，是因为自己不够大度；

你郁闷，是因为自己不够豁达；

你焦虑，是因为自己不够从容；

你悲伤，是因为自己不够坚强；

你惆怅，是因为自己不够阳光；

你嫉妒，是因为自己不够优秀；

……

凡此种种，每一个烦恼的根源都在自己这里。

所以，每一次烦恼的出现，都是一个给我们寻找自己缺点的机会，"有求皆苦，无求乃乐"。

曾经，有一个人为了得到美丽的蝴蝶，便买来一双跑鞋、一只网。穿上运动鞋，追逐奔跑了很久，终于在气喘吁吁、满头大汗中抓到几只。可是蝴蝶在网里恐惧挣扎，丝毫没有美丽可言。

一有机会，蝴蝶就会飞走，这就叫“追求”。

另一个人也很喜欢蝴蝶，他买来几盆鲜花放在窗台，然后静静地坐在沙发上品着香茗，望着蝴蝶翩翩而来，心情犹如吸蜜的蝴蝶，这就叫“吸引”。

你若盛开，蝴蝶自来；你若精彩，天自安排。

是的，一切有关我的问题，都有我的份。我的家庭不和睦，我的事业不如意，我身体不健康，我的心境不快乐……以前，总以为，是周围的人不好，使我过得不好。

其实一切向内求，你变了，你的世界就变了，带着这样的心境，特别能读懂“你若盛开，蝴蝶自来”。

做好自己，一切美好都随着而来……

杜云生老师有一个伟大的梦想，即是把创富教育的理念普及深入人心。用最短的时间帮助更多渴望成功的人实现财富自由的梦想就是他的愿望。因此他带领一些卓越的学员到丽江、中甸、新加坡等地去旅游、参观、学习，把课程带到了国内外，让学员在大自然中快乐地学习成长，领悟到在大自然中轻松学习成长的乐趣。

杜云生创富教育机构 2007 年第三期《绝对成交》全体学员

2007 年 8

杜云生老师认为，一个成功的人士必须要具备成交自己、成交别人、成交一切的能力。因此杜老师把他多年行之有效的、最棒的《绝对成交》课程毫不保留地传授到全国各地，帮助了更多人综合素质的提升、人际关系沟通的改善，服务质量的提高，利润倍增。让更多的学员学会成交自己、成交人才、成交一切。

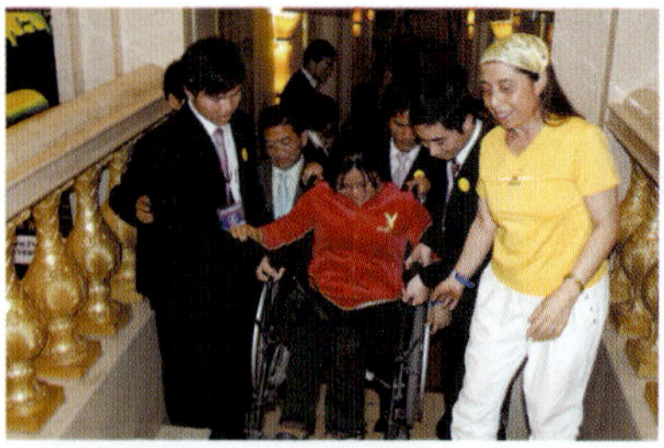

杜云生老师的财富创造大会改变了无数的中国人，他的创富理念感动着各个阶层的人，他让无数残疾人充满希望地坐在轮椅上来到会场向他学习心灵创富的精神理念，让残疾人在自信的心灵圣地真正地站起来了，成为生命的主人，不卑不亢地在千人大会中勇往直前……让中国人快速致富、民富国强就是杜老师的伟大使命。

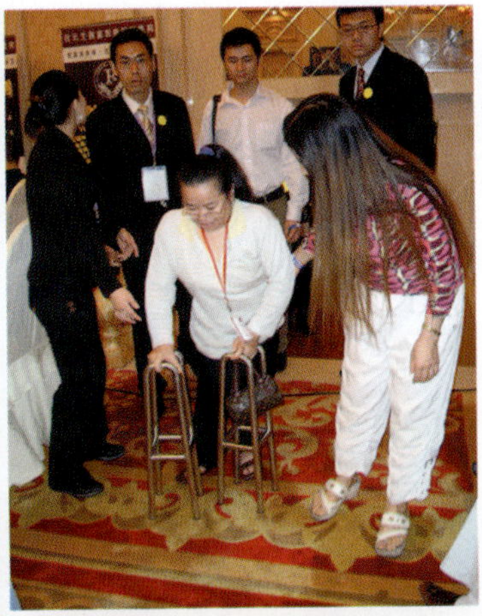

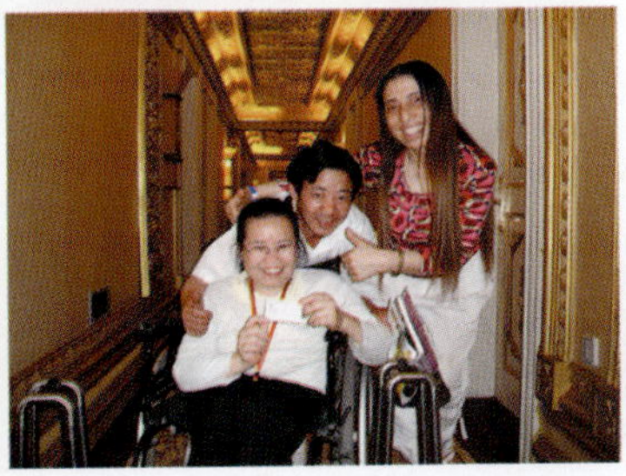

杜云生老师的财富创造大会改变了无数的中国人，他的创富理念感动着各个阶层的人，他让无数残疾人充满希望地坐在轮椅上来到会场向他学习心灵创富的精神理念，让残疾人在自信的心灵圣地真正地站起来了，成为生命的主人，不卑不亢地在千人大会中勇往直前……让中国人快速致富、民富国强就是杜老师的伟大使命。

杜老师通过合作伙伴方普文化，把他一生创富的精神理念都汇聚在精美光碟和书籍里表达得淋漓尽致。学员们抢购收藏，争先恐后地要求老师签名留念。

杜云生创富教育机构《行销模式总裁训练营》全国第

杜老师认为行销高于推销，只会推销的人赚到的只犹如一棵树，会行销的人赚的犹如一片森林。行销是快速致富的关键，他的行销赢利课程帮助了成千上万的人，真是桃李满天下……

杜云生老师不仅具有公众演说的超级口才，更有魅力四射的演艺风范，从而吸引了越来越多的人报名学习他的《公众演说》课程，培训出了更多的公众演说专家。他的《无敌谈判》课程更是让学员当场成交20万元，并订下1800万元的大单。

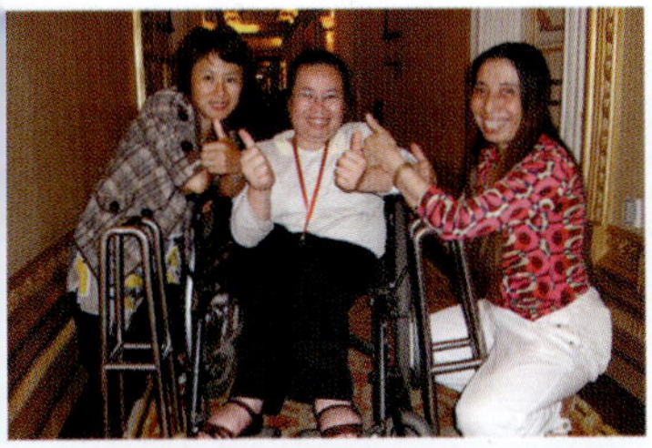

无敌谈判 全国第二期

杜云生老师为了传播创富教育理念，不辞辛苦奔赴全国各地授课。他精彩的演说魅力，让多少学员崇拜求教签名留念。他废寝忘食地把尽可能多的时间用来授课、影棚录制光盘、写书传播给更多需要的人。他的足迹遍布中国的大江南北。

《绝对成交》

书+碟　定价：38.00元

本书向你揭示了销售冠军的思维方式、信念系统、行为模式及销售人员必备的五大能力。并给你提供一套与之相对应的、完整的成交系统。方法让你立刻复制、效果让你立刻看到，是目前最完整、最具实效的成交训练实战经典。

《赚钱机器》精华版

书+碟　定价：38.00元

有钱有闲的生活，是多数人毕生奋斗的目标与梦想。本书提供了一套实现有钱有闲生活的操作方法，通过四种人的分析比较，帮助你把握态势，引导你一步一步地加入到富人的行列中去，让你在学会赚钱的同时，也赚到时间，让你最终赚回一个完美的人生。

《无敌谈判》

书+碟　定价：38.00元

也许你会赚钱，但不一定会谈判，谈判是赚钱最快最轻松的方法。

本书如一位渊博的谈判大师，将谈判秘籍真传予你。它深度剖析了谈判，全面讲解了谈判技巧，并针对不同谈判对象，制定了专门的谈判方案，让你在谈判中实现双赢。

《赚大钱靠行销》

书+碟　定价：38.00元

你是否还在为企业不景气而头痛？不管你属于哪个行业，其“病情”都是有通性，都是有规律可循的。本书以睿智的思维和独到的见解，通过浅显的例子与通俗的语言，为你诠释了经商策略、赚钱秘诀、行销之道，而这些方法和策略，历经检验，行之有效。

《绝对成交·成交系统篇》

6DVD　定价：480.00元

本篇从销售源头开始将你打造成成交高手。同时依照顾客购买必经的八大心理程序，给你一套与之相对应的、完整的成交系统，从销售前准备、顾客需求探底、套出真相、探寻心动钮、化解抗拒到巧妙成交，环环相扣，步步为营，轻松成交，倍增收入。

《绝对成交·成交实战篇》

8DVD　定价：880.00元

本篇为你详细演示如何运用发问技巧，如何问对问题、探出顾客潜在需求，如何化解顾客最常见的十大经典借口，如何摸准顾客的心动钮、快速成交，如何通过3分钟电话达成预约或成交，如何在销售过程中恰到好处地运用十大成交必杀绝技等等，是目前最完整、最实效的成交训练实战经典。

《赚钱机器》 11VCD 定价：1280.00元

本套光碟是专为创业者、中小型企业老板量身定做的创富秘诀。

共有三部分。第一部分为你揭开个人快速致富的八大步骤，让你找到收入增加两倍、时间同时增加三倍的高效运作模式；第二部分教你如何将自己创办的企业做大做强的八大关键，让企业资金源源不断；最后告诉你如何走向财务自由，不再为钱工作，而是让钱为你工作，让你过上有钱又有闲的生活。

《赚大钱靠行销——赚钱秘法篇》

4VCD+4CD 定价：699.00元

本篇讲述了行销的重要性，行销=推销的N次方。让你利猛增的销售法则，即可谓：大行销大赚钱、小行销小赚钱、不销不赚钱，要赚大钱学行销，这套行销法则正是让你快速致富必备工具。

《赚大钱靠行销——赚钱策略篇》

4VCD+4CD 定价：699.00元

本篇让你学会如何使用好开采"金矿"的几把铲子，是你快速致富最棒的策略工具。

《赚大钱靠行销——赚钱战略篇》

4VCD+4CD 定价：699.00元

本篇教会你如何用好杠杆原理，使你省力、省时，轻而易地赚到你无法估量的财富。

《无敌谈判·资源篇》

4VCD+4CD 定价：699.00元

世界上最有钱的人属于最有资源的人，也是属于最会整合资源的人，同时也是属于最会谈判的人！如国际知名谈判大师哈维·麦凯、罗杰·道森……本篇将教你如何利用优势资源在谈判中取胜！如何在资源整合中致富！

《无敌谈判·战术篇》

3VCD+3CD 定价：588.00元

所有的成交，所有的财富都来自谈判，无敌谈判可以四拨千斤，无敌谈判可化干戈为玉帛，无敌谈判让你无所不能！

本篇将教给你：如果你是买方，如何低价买进高价卖出；果你是卖方，如何让你在谈判中高价卖出，更教会你如何在谈结束后让对手感觉到是他赢了这场谈判，而不是他吃亏！

广州市方普议祺文化传播有限公司

创富教育精品

《如何永远赢得顾客》

书+碟　定价：38.00元

本内容教你学会用80%的时间和费用来服务老顾客，20%的时间来开发新顾客，因为口碑比媒体有效50倍，们更相信口碑，不太相信厂家所做的广告，而且老客户帮你转介绍更多的客户。

《如何打造第一品牌》

书+碟　定价：38.00元

本书将告诉你如何塑造行业品牌，并做到第一！品牌是给人持续的印象，一旦打造成功深入人心，生意就会自动找上门，品牌代你同你的潜在客户和决策者打交道，与你合作，令你在竞争中处于领先地位，使你成为无往而不胜的赢家。

《如何永远赢得顾客·信念篇》

3DVD+3CD+2本精美手册　定价：588.00元

本套光碟通过大量的经典案例并结合实际，提出了相的服务信念、技巧，让你用优质的服务赢得顾客的忠诚，黄金顾客与你长期相伴。

《如何永远赢得顾客·秘训篇》

3DVD+3CD+2本精美手册　定价：588.00元

为了赢得顾客，在商场中，你不断打价格战，提高产品的质量，可是顾客依然会跑向竞争对手的怀抱。于是，你使出浑身解数也不能安抚失望的顾客，只能眼睁睁地看着口碑受损，利润下降。

本套光碟就为你揭开服务的真谛以及顾客不满意的原因，并告诉你如何用服务再次获得顾客的芳心。

《如何打造第一品牌》

4DVD+4CD+2本精美手册　定价：888.00元

一个企业为什么要打造自己的品牌呢？

因为一个企业没有品牌，就摆脱不了受制于人的命运，在激烈的市场竞争中只能分到一杯羹。而打造一个大众钟爱的品牌，企业就可以通过这个品牌轻松获得声誉和利润。品牌不是世界一流企业的专利，也不是遥不可及的事。

本套光碟就通过一个个真实的案例，教给你22个打造第一品牌的法则，让你的企业在竞争中，所向披靡，无往不胜。

于艾平送健康、颂和谐、迎奥运精品礼物

全球唯一中英文大型歌乐散文诗爱心产品

2008一个平民百姓的奥运情怀歌诗赞　《和谐颂》音乐创作人于艾平最新创作

撼动您心灵的奥运组歌

《奥运情怀(上)》

8CD+2DVD　定价：198.00元

《和谐颂》音乐创作人、《医道》传播使者于艾平，一个为人类呼唤和平安康的草根艺术家，在感天动地地传播着“和谐文化”、“医道文化”，弘扬中华传统文化，推动弘扬和谐奥运精神，用生命创作中英文大型诗歌赞奥运！升华奥运精神，为奥运加油！曾被多家媒体报道！

《奥运情怀(下)》

8CD+2DVD　定价：198.00元

这是一套物超所值、与众不同的精神瑰宝，一剂改变你人生价值观和命运的心灵鸡汤，一套人人不可缺少的成功健康和谐宝典，一曲撼动你生命灵魂的天籁之音！

请通过Google、百度等搜索关键字：于艾平体坛三棱镜、于艾平的奥运情怀、于艾平为奥运放歌、于艾平视频。

《奥运中国心(上)》

8CD+2DVD　定价：198.00元

《和谐颂》、《和谐的春天》等内容，是于艾平向祖国六十华诞的最佳献礼，也是在传扬和唱响时代的主旋律中弘扬奥运精神！

这是于艾平对宇宙、大自然人类生命健康感悟的智慧心语，当你拥有时，并用尊重生命的态度去欣赏和倾听它，你会与之共振、感悟至深、启迪无限！

《奥运中国心(下)》

8CD+2DVD　定价：198.00元

于艾平深深感悟奥运会在中国举办是象征中华民族的复兴，是祖国的骄傲，也是13亿人民的自豪！本篇中的《医道养生》等内容表达了全民健身迎奥运的热情和支持，一篇篇感动心灵的生命故事，一首首撼动你视听基因的和谐健康爱心的颂歌，让你百听不厌，值得收藏！

《和谐奥运颂》是作者为推动和谐健康文化、构建和谐社会，倾力创作而成。一个个感动你的生命故事，一首首催人泪下、满怀激情、充满活力的生命乐章，一个个发人深思的启示和感悟，当你听过、读过、看过、唱过，你将终身受益匪浅，本碟值得你一生拥有和珍藏。

当你的生命因此而获得和谐安详，快乐幸福成功时，就达到了作者传播的初衷和目的。

《和谐奥运颂(上)》

8CD+2DVD　定价：198.00元

《和谐奥运颂(下)》

8CD+2DVD　定价：198.00元

《奥运情怀》

书+2DVD　定价：69.00元

本书是作者几年来废寝忘食，用生命践行创作、撼动您心灵的大型爱国中英文歌诗集，她感天动地地谱写和传播“和谐文化”、“医道文化”、“中国传统文化”，弘扬“奥运精神”，及撼动心灵的一首首赈灾歌诗，感动着中国，感动着世界！“情有独钟”的生命礼物是您馈赠亲友的最佳选择！值得珍藏！

于艾平送健康、颂和谐、迎华诞精品礼物

您不得不听的歌曲——《和谐颂》！

感动心灵的智慧心语！心灵环保的幸福密码！绿色世界的天籁之声！

《和谐颂》

书+2CD　定价：99.00元

响应和谐　倡导和谐　共创和谐　从我做起　践行和谐　由心开始　世界和谐　人人有责
和谐就是国家安定　和谐就是民族复兴　和谐就是安居乐业　和谐就是繁荣昌盛
和谐就是持续发展　和谐就是有序竞争　和谐就是道德为本　和谐就是天下太平
和谐就是人人友善　和谐就是社会公平　和谐就是真诚相待　和谐就是物阜民丰
和谐就是世界安宁　和谐就是尊重人权　和谐就是没有战争　和谐就是慈悲与博爱
和谐就是善良与宽容　和谐就是平安与幸福　和谐就是芬芳与光明

和谐是人类社会价值体系的核心概念，它将促使人类重新审视自我，重新评估历史，重新定义幸福，和谐社会与马克思建立共产主义社会的价值追求一脉相承，是人类先进文化与科学发展理论体系的延伸。中国共产党十六届四中全会特别强调“坚持最广泛、最充分地调动一切积极因素，不断提高构建社会主义和谐社会的能力”。这对于中华民族的伟大的复兴事业聚焦社会力量、减少社会矛盾，坚定不移地走和平发展道路具有重大的战略意义。

——摘自乐后圣《和谐社会构建论》著作

2006年8月18日

您不得不看的书——《医道》！

健康幸福人生精读宝典！为您的生命带来无限的财富！

《医道》上、下册

书+2CD+2DVD　定价：198.00元

震撼世界的思维革命浪潮！

健康是福！无病是乐！健康是一切成就的根本！

生命健康与生命安全正在挑战21世纪的人类，人类灵魂的扭曲与瘟疫的流行正在吞噬着人类身、心、灵的和谐，如SARS给人类带来的巨大威胁、无限耗资和恐慌，使人类身、心、灵无法和谐，身国难安，世界恐慌。《医道》依循东方文明智慧融合人类现代文明，解析人类和善和平的希望！

身、心、灵的健康和谐既是人类社会精神文明与物质文明发展的基础，又是人类社会发展的方向。众所周知，没有个人的身、心、灵健康，就没有家庭和睦、社会和谐、国家的发展与世界的和平！没有健康，就没有科学的进步、经济的腾飞和人民的幸福。个人的命运与国家发展的命运息息相关，个人、家庭和社会的身心健康调治，是为了民富国强、兴和万邦，这就是身国共治的人本文明。构建社会主义和谐社会与小康社会，坚定不移地走和平发展的道路，努力构建和谐世界，是我们人类共同的使命！《医道》是人类思维的革命浪潮！是东方智慧文明对世界的贡献！

——摘自乐后圣《和谐社会构建论》著作

2006年8月18日

◎《和谐颂》音乐创作人
于艾平(光之子)

愿与世界人民携手共创 和谐中国 和谐世界

响应和谐倡导和谐，共创和谐从我做起。

践行和谐由心开始，世界和谐人人有责。

和谐就是国家安定，和谐就是民族复兴。

和谐就是安居乐业，和谐就是繁荣昌盛。

和谐就是持续发展，和谐就是有序竞争。

和谐就是道德为本，和谐就是天下太平。

和谐就是人人友善，和谐就是社会公平。

和谐就是真诚相待，和谐就是物阜民丰。

和谐就是崇尚民主，和谐就是世界安宁。

和谐就是尊重人权，和谐就是没有战争。

和谐就是慈悲与博爱，和谐就是善良与宽容。

和谐就是平安与幸福，和谐就是芬芳与光明。

欢迎您通过百度、Google、搜狐、新浪、优酷、56网、土豆、4J4J等视频空间，搜索以下关键词，即可了解更多震撼和启迪你心灵的内容：

于艾平体坛三棱镜　于艾平　于艾平奥运情怀　于艾平和谐颂　于艾平视频
于艾平传奇　于艾平为奥运放歌　中国最美的女人　于艾平和谐之旅　爱的证明
震撼心灵的历程　根　于艾平健康之旅　天使的爱　爱的力量　赈灾诗朗诵
亲爱的人　于艾平小品　仰望　心语　倾我一生颂和谐

《医道》传播使者 ◎
于艾平(光之子)

震撼世界的思维革命浪潮

健康是福！无病是乐！

健康是一切成就的根本！

生命属于我们只有一次，

健康属于我们不可缺少，

生命的和谐源于健康常驻。

《医道》——给生命一双翅膀，

让心灵的自由鸟飞往和谐的天堂！

欢迎您通过百度、Google、搜狐、新浪、优酷、56网、土豆、4J4J等视频空间，搜索以下关键词，即可了解更多震撼和启迪你心灵的内容：

于艾平慈善之旅　于艾平医道　于艾平爱的呼唤　握手　勇敢冲　边疆人迎奥运
和谐颂　和谐世界　医道颂　养生歌　方普之歌　奥运情怀　奥运中国心
和谐奥运颂　方普文化　搜狗方普　马艺源　马议祺　乐后圣医道　送健康颂和谐
光之子和谐颂　于艾平慈善　杜云生　周弘　风雨兼程弘医道　点亮心灯